AF467614

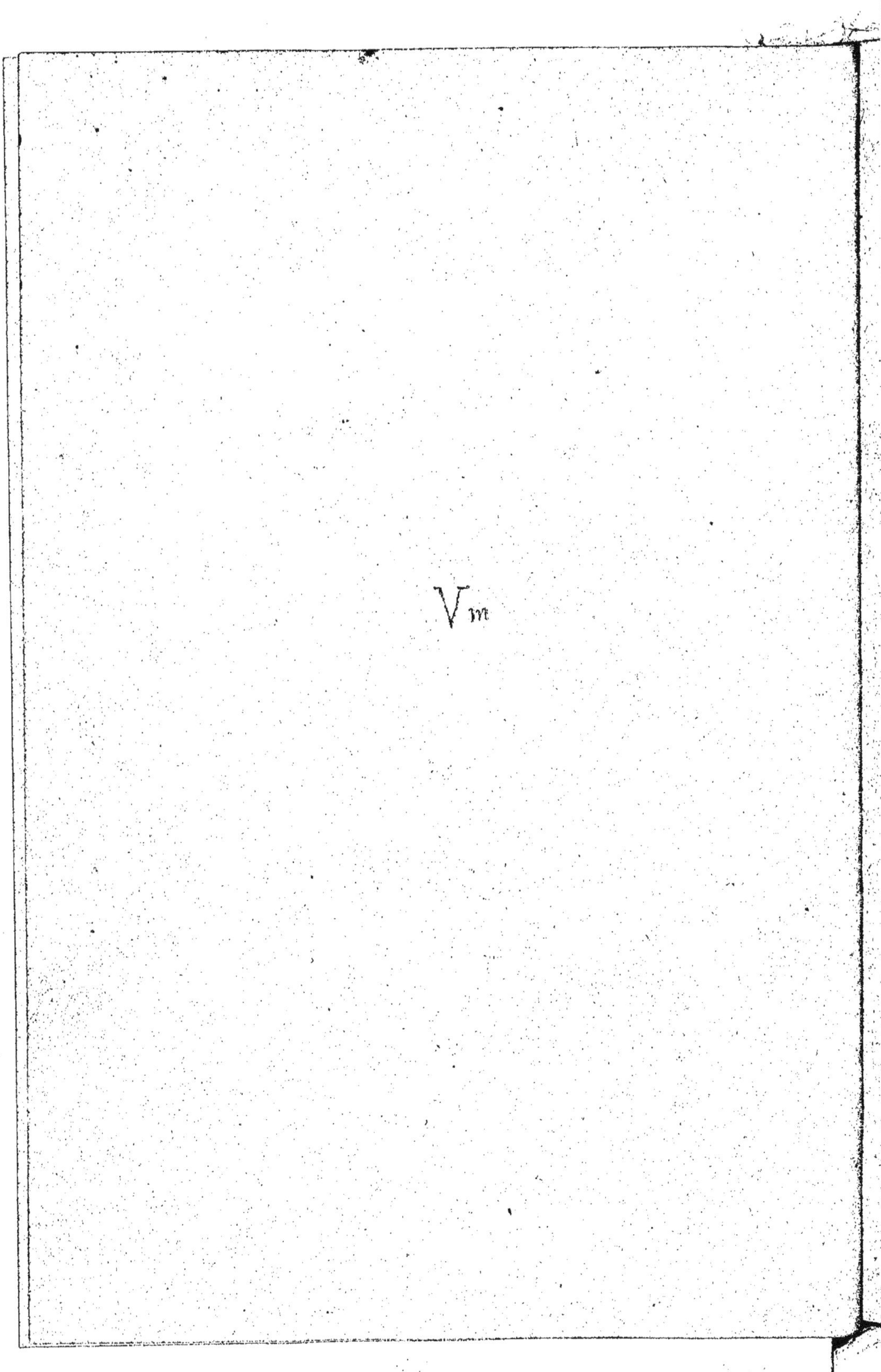
Vm

L'HARMONIE

au commencement

du 19.me siècle

ET

Méthode

pour l'étudier,

PAR

D. JELENSPERGER

Professeur de Composition au Conservatoire de Paris.

Prix:

Grand format (in folio) 25 fr. —— Petit format (Grand in 8.vo) 15 fr.

à PARIS, chez ZETTER et Compie. Rue du Helder, N.o 25.
1830.

Table des matières.

LIVRE PREMIER.

DES NOTES RÉELLES ou DES ACCORDS.

Livre second.

Des notes accidentelles.

But, plan et emploi de cet ouvrage.

But.

J'ai voulu faire un livre avec lequel un élève, ayant des dispositions ordinaires, puisse apprendre l'harmonie pratique de notre époque, sans avoir besoin d'autre secours que de faire revoir quelquefois son travail; en même tems j'ai voulu fournir au professeur des matériaux d'une difficulté progressive pour lui éviter la peine de préparer ou de composer lui même des leçons pour les élèves. — Ai-je rempli ce double but ? L'élève et le professeur qui auront fait l'application des principes que j'expose, seront seuls en état de prononcer.—En attendant voici ce que j'ai cru devoir faire pour y arriver:

Plan.

Le plan que j'ai adopté est, de remplir simultanément les deux conditions indiquées par le titre même de l'ouvrage, savoir :

—1º *Partie théorique*. Présenter le mécanisme de l'harmonie telle qu'elle est traitée dans les compositions qui sont le plus estimées, et qui ont été entendues le plus souvent, depuis un demi siècle à peu près; réunir et classer les cas semblables, en tirer des observations et quelquefois des règles; ou, en d'autres termes, fournir une espèce de *statistique harmonique du 19e siècle*.

—2º *Partie pratique*. Tracer un plan de travail et l'accompagner d'autant d'exercices qu'il en faut ordinairement pour former un harmoniste praticien. (Ce qui a rapport à cette deuxième condition est gravé en plus petits caractères).

La première de ces conditions a été remplie souvent, la seconde rarement et incomplettement, et les deux ensemble jamais, que je sache; car on ne peut regarder comme les ayant réunies, des ouvrages où l'on ne trouve que quelques conseils ou exercices jetés ça et là, sans liaison et sans suite. Aussi cet amalgame offre t-il des difficultés de plus d'un genre; j'en citerai quelques unes:

Et d'abord pour ce qui est relatif à ce qu'on appelle la *pureté*. Il résulte de l'examen des ouvrages des différentes époques de la musique, que la manière d'envisager cette pureté a toujours changé; que non seulement elle est différente dans chaque époque, mais dans chaque auteur, ce qui fait présumer qu'elle n'est soumise qu'à la manière particulière de sentir, et par conséquent qu'elle changera toujours. Voilà ce qui ne pouvait être omis dans la partie théorique, tandis que pour le travail des élèves il a été reconnu par la plupart des professeurs, et je suis de ce nombre, que le meilleur moyen de guider les *commençans* était, de leur donner des principes *positifs*. Pour sortir de cette difficulté, j'ai taché de donner à la rédaction de la partie théorique une tournure telle qu'on pût indiquer facilement, à la fin de chaque article, ce que l'élève doit faire, ou ce qu'il doit éviter. Cette particularité a été remarquée depuis longtems, et l'on a admis en quelque sorte, deux espèces de pureté, en nommant *style libre*, celui où le compositeur expérimenté, s'abandonnant à son inspiration, ne se guide que par son oreille et son gout, tandis qu'on a appelé *style rigoureux ou sévère*, celui qui est soumis à un ensemble de règles qui ne permet de faire que ce que les meilleurs compositeurs ont employé le plus souvent. J'ai nommé ce dernier: *style d'école*; mais je ferai observer, qu'ayant cherché à l'adapter aux besoins du tems, mon style d'école n'est pas tout à fait semblable à l'ancien style rigoureux, comme probablement il ne sera pas celui qui conviendra plus tard. Du reste, il est toujours bien entendu que les défenses imposées par les règles de ce style, sont semblables à celles que l'on fait à un enfant sur mille choses, durant son éducation, et sur lesquelles il lui reste un libre choix, lorsqu'il est devenu assez raisonnable pour en peser lui même la valeur et les conséquences.

D'autres difficultés se sont encore présentées pour le classement des matières; p. ex: pour la partie théorique, il aurait été conséquent de rassembler dans un seul article tout ce qui a rapport au mouvement des parties; mais où aurait-on placé cet article? peut être à la fin? car, devant embrasser tous les accords et toutes les notes accidentelles, il ne pouvait se trouver avant les articles qui en traitent. Mais alors l'élève qui, dès le commencement a besoin de savoir éviter des quintes consécutives &c, serait obligé de lire tout le livre avant d'écrire une seule note! C'est en ajoutant à chaque article un paragraphe sur la *réalisation* que j'ai cru pouvoir éviter cet écueil. Pour la partie pratique on aurait peut être pu desirer d'introduire plutôt les notes mélodiques (notes de passages &c); mais le désordre jeté par là dans la théorie aurait été irréparable. C'est ainsi que ces deux systêmes ont dû se faire souvent des concessions réciproques.

Mais si d'un côté ce plan m'a offert des entraves, d'un autre il m'a favorisé en ce que, ne puisant que dans les compositions les plus célèbres de notre époque, ne reconnaissant comme loi que ce qu'elles ont de commun entr'elles, j'ai pu me dispenser de tenir compte des règles, classemens, usages et dénominations des ouvrages théoriques. Je n'en ai conservé que ce qui me semblait offrir un but d'utilité, et c'est dans ce même but que j'ai cru devoir employer quelques signes et quelques expressions inusitées jusqu'à présent. Je me suis borné à exposer les faits, évitant autant que possible d'en donner les raisons, sur lesquelles d'ailleurs personne n'est d'accord.

Emploi.

Cette méthode exige, de la part de celui qui veut s'en servir pour apprendre l'harmonie: — 1º qu'il ait fait ce que l'on entend aujourd'hui par un cours de solfège, et qu'il ait acquis une certaine habileté dans l'exécution, soit vocale, soit instrumentale; — 2° qu'il se soumette à tout ce qui est prescrit dans cet ouvrage, lequel n'est fait que pour ceux qui veulent travailler, et serait complettement inutile à ceux qui se borneraient à le lire.

L'élève commencera par le § 1, et lira jusqu'au § intitulé "*Travail*" inclusivement. Là il s'arretera pour faire ce qui est prescrit dans ce dernier paragraphe, en relisant avec soin ce qui précède, non pas seulement jusqu'à ce que la matière soit parfaitement comprise, mais jusqu'à ce qu'elle lui soit devenue familière. Si le professeur, qui a revu le travail, juge qu'il est tems de passer outre, l'élève continuera sa lecture jusqu'au § *travail* suivant, où il fera avec la même exactitude, ce qui vient d'être prescrit; et ainsi de suite jusqu'à la fin de l'ouvrage. Chacun des passages auxquels on renvoie, doit être relu, mais jamais il ne faut lire plus avant que ne l'exige la matière à laquelle on est arrivé. Cette condition est importante quelque bizarre qu'elle paraisse.

J'ai donné dans cet ouvrage le style d'école et le plan de travail tels que je me les suis formés peu à peu par mes observations dans l'enseignement; cependant, comme cette matière est absolument arbitraire, j'invite les professeurs de la modifier selon leurs vues, et surtout selon les dispositions particulières des élèves; p.ex: si un élève employait trop souvent des successions de second ordre, on les lui defendrait tout à fait pendant quelque tems; ou s'il fesait un usage raisonnable des résolutions du même ordre, on pourrait lui en permettre quelques unes du troisième; s'il suivait bien les principes établis dans un article avant d'avoir fait tout le travail qui y est ennexé, on le dispenserait du reste; si au contraire il ne les suivait pas, même après avoir fait tout le travail, on lui en donnerait un nouveau sur les points où il serait encore faible; &c. &c.

C'est ainsi que je me sers de cette méthode depuis longtems au conservatoire, conjointement avec Mr *Seuriot*, à qui je me plais à donner ici un témoignage public de ma reconnaissance, pour les remarques judicieuses qu'il m'a faites pendant mon travail.

Introduction.

§ 1 La musique moderne se compose des trois élémens suivans: du *ritme* (rhythme), de la *mélodie* et de l'*harmonie*. Le ritme, en général, est la division du tems en parties assez courtes pour que le sentiment puisse sans effort les comparer entr'elles. Il s'exprime, en musique, par la valeur des notes et des silences. Il est indépendant de la mélodie et de l'harmonie; il peut exister seul, comme le ritme des tambours, ou une même note répétée plusieurs fois, p. ex: &c. La mélodie est une émission *successive* de deux ou de plusieurs sons *différens*, p. ex: &c. Elle peut se passer de l'harmonie, mais elle ne peut exister sans ritme. L'harmonie enfin est l'émission *simultanée* de deux ou de plusieurs notes différentes, p. ex: , ou &c. Elle ne peut se passer ni du ritme ni de la mélodie, à moins qu'elle ne se borne à une seule émission simultanée; car dès qu'il y en aura deux de suite, chacune sera d'une certaine longueur, donc il y aura ritme; puis, si, de l'une à l'autre, il n'y a qu'une seule note différente, p. ex: , la voix ou l'instrument qui exécutera successivement ces deux notes, fera mélodie. Ainsi, quoique l'harmonie soit l'objet principal de cet ouvrage, on ne peut se dispenser d'y toucher souvent au domaine du ritme et à celui de la mélodie.

§ 2. Les différentes manières de combiner les notes dans l'harmonie, sont innombrables; toutefois on a remarqué certaines combinaisons qui frappent l'oreille d'une manière particulière, et qui semblent être les racines des autres. Ces combinaisons s'appellent *accords*, et les notes qui les composent, notes *réelles*, par opposition à celles qui se frappent avec les accords sans en faire partie et que l'on nomme notes *accidentelles*. Le premier livre de cet ouvrage traite des notes réelles, et le second, des notes accidentelles.

§ 3. Ce qui a rapport aux *intervalles*, aux *modes*, *tons* ou *gammes*, l'élève doit l'avoir appris dans le solfège. On en dira ici quelques mots pour fixer le sens de quelques termes.

Intervalles. La distance d'une note à une autre s'appelle intervalle. Voici les noms dont on s'est servi dans cet ouvrage pour désigner la grandeur de chaque intervalle usité: (Les chiffres dans ce tableau indiquent le nombre de demi-tons contenus dans chaque intervalle.)

L'octave, la neuvième, la dixième, &c. étant l'unisson, la seconde, la tierce, &c. éloignées d'une ou de plusieurs octaves, reçoivent les mêmes modifications que ces dernières, ex:

Octave diminuée, ou demi-ton. &c Neuvième ou seconde dim. min. &c Dixième ou tierce dim. min. &c

Si l'on éloigne les notes d'un intervalle augmenté, ou si l'on rapproche celles d'un intervalle diminué, l'augmentation ou la diminution devient double, ex:

Le demi-ton s'appelle aussi intervalle *chromatique*, et la seconde diminuée, intervalle *enharmonique*.

On nomme *consonnances* : l'unisson ou l'octave, la tierce majeure ou mineure, la quarte juste, la quinte juste et la sixte majeure ou mineure. Tous les autres intervalles s'appellent *dissonnances*.

Les intervalles sont *harmoniques*, lorsque les deux notes sont frappées ensemble, et *mélodiques*, lorsqu'elles sont frappées successivement.

Modes, tons, gammes. Les anciens admettaient plusieurs modes, il en sera parlé dans l'appendice. Les modernes, à l'opinion desquels on s'est conformé dans cet ouvrage, n'en reconnaissent que deux, le *majeur* et le *mineur*. Le premier, en mettant les notes dans l'ordre de leur gravité, et en commençant p. ex. avec la note *do*, se compose ainsi:

Le mode mineur n'en diffère qu'en ce que la 3e et la 6e note se trouvent un demi-ton plus bas, ex:

Ce qu'il faut surtout remarquer dans ce dernier mode, c'est que la 6e et la 7e note sont éloignées de la 1re l'une de sixte mineure et l'autre de septième majeure. Lorsqu'il sera question des modulations et des notes purement

mélodiques, on verra que ces deux notes, de même que toutes celles de l'un ou de l'autre mode, subissent quelquefois des altérations.

La désignation de 1er, 2e, 3e degré, &c. qui a été mise sous les notes des ex. précédens, ne change pas lorsque ces notes sont présentées dans un autre ordre; ainsi le ré ci-dessus est toujours 2d degré, ou 2de note, quelleque soit l'octave dans laquelle il est pris; et de même pour les autres notes; ex:

Mode majeur. 1er 7e 2e 6e 3e 5e 4e 4e &c.

Mode mineur. 1er 3e 2e 7e 5e 4e 6e 5e &c.

Le 1er degré est appelé quelquefois *Tonique*, le 5e *dominante*, et le 7e *note sensible*.

L'ensemble des notes qui constituent un mode, prend le nom du 1er degré, de la tonique; ainsi le premier ex. ci-dessus est dans le mode de *Do* majeur, et le second, dans celui de *do* mineur, et une harmonie faite avec les notes de l'un, est en *Do* majeur, avec celles de l'autre, en *do* mineur.

Souvent on remplace l'expression de *mode* par celle de *ton*, ou *gamme*, et l'on dit indifféremment: le mode, le ton ou la gamme de *Do* majeur, de *do* mineur &c. Ainsi le mot gamme ne signifie pas ici une succession mélodique ascendante ou descendante par degrés conjoints, mais seulement, de même que *ton*, l'ensemble des sept notes qui composent un mode, quelque soit d'ailleurs l'ordre dans lequel ces notes sont présentées.

Tout ce qui vient d'être dit sur les modes et qui n'est appliqué ici qu'à celui de *Do* majeur ou de *do* mineur, s'entend aussi pour les onze autres modes majeurs et mineurs qui, au moyen de la transposition, se trouvent dans notre système musical. Ex: si l'on veut prendre la note *la* comme tonique d'un mode majeur, sa dominante sera *mi*, la note sensible *sol* ♯, la 6e note *fa* ♯, la 3e *do* ♯, &c; si, avec cette même tonique, le mode est mineur, la 3e note est do♮, la 6e fa♮, la 7e sol♯, &c.

§ 4 Nota. Pour abréger, on écrira seulement le nom de la tonique avec l'initiale majuscule, si le mode est majeur, et avec l'initiale minuscule, s'il est mineur; ex: *Do*, signifie Do majeur; *do*, signifie do mineur; &c.

§ 5. Travail. — 1° Faire le tableau des intervalles, en prenant pour base successivement chacune des douze notes de l'échelle, et jusqu'à ce qu'on soit parfaitement familiarisé avec la connaissance de tous les intervalles. — 2° Ecrire chacun des douze tons dans les deux modes, jusqu'à ce qu'on puisse se répondre sur le champ à toutes les questions du genre des suivantes: en *Mi*♭, quel est le 6e degré? quel est ce même degré en *mi*♭? &c.

LIVRE PREMIER

DES NOTES RÉELLES ou DES ACCORDS.

DES ACCORDS EN GÉNÉRAL.

§ 6. Un accord est la réunion de 2, 3, 4 ou 5 notes différentes, prises dans une même gamme et pouvant être rangées par ordre de tierces en tierces; p. ex:

En Do maj. ou ou

§ 7. Quand l'accord est ainsi disposé par tierces, la note la plus basse se nomme *fondamentale*, celle audessus *tierce*, la suivante *quinte* &c. selon la distance où chacune se trouve de la fondamentale. Ces notes conservent les mêmes noms quand même l'accord est disposé autrement; p. ex:

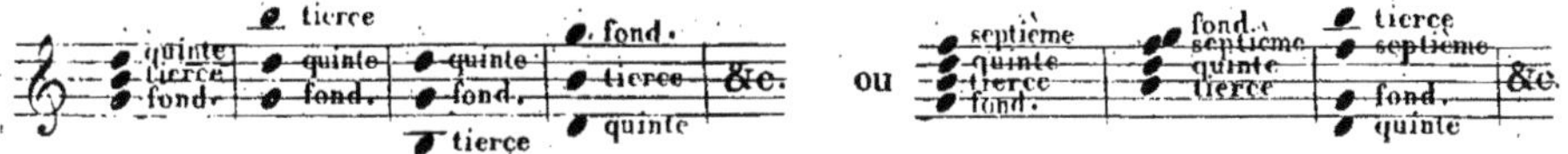

§ 8. Chaque accord prend son nom de sa fondamentale. Les accords des deux § précédens, ayant pour fondamentale la note sol, se nomment tous accords de sol.

§ 9. Les accords sont divisés dans cet ouvrage en quatre classes, savoir: 1re classe) accords de trois notes; 2e classe) accords de quatre notes; 3e classe) accords de cinq notes; 4e classe) accords altérés.

§ 10. Les accords de chaque classe peuvent être de plusieurs espèces, selon que la tierce est majeure ou mineure, que la quinte est juste, diminuée ou augmentée &c.

§ 11. Les accords de la première classe se nomment aussi accords *consonnans*, et tous les autres, accords *dissonnans*. Mais ces deux expressions n'indiquent dans cet ouvrage qu'un classement, car sous le rapport de l'effet de ces accords, elles ne seraient pas généralement exactes.

CHAPITRE I.

DES ACCORDS CONSONNANS (accords de trois notes).

§ 12. Un accord de trois sons se compose d'une note quelconque, de la tierce de celle-ci et de sa quinte; § 6 à 8. Voici les différentes espèces d'accords de trois sons que l'on peut former avec les notes de l'une ou de l'autre gamme (§ 10):

Ces espèces seront classées et nommées ainsi qu'il suit:

1re espèce, accord *majeur*: fondamentale, tierce *majeure* et quinte juste;
Cet accord se trouve, dans le mode majeur, sur le 1er degré, le 4e et le 5e, dans le mode mineur, sur le 5e et le 6e, ainsi qu'on peut le voir dans les deux ex: précédens.

2e espèce, accord *mineur*: fondamentale, tierce *mineure* et quinte juste;
il se trouve, en majeur, sur le 2e, 3e et 6e degré, — en mineur, sur le 1er et 4e.

3e espèce, accord *diminué*: fondamentale, tierce mineure et quinte *diminuée*;
il se trouve, en majeur, sur le 7e degré, — en mineur, sur le 2e et 7e.

4e espèce, accord *augmenté*: fondamentale, tierce majeure et quinte *augmentée*;
il ne se trouve qu'en mineur sur le 3e degré.

§ 13. L'accord de 1re espèce, l'accord majeur, est plus généralement employé que les autres; son effet, pris isolément, est le plus satisfaisant, ou, si l'on veut, le plus consonnant de tous. Celui de 2e espèce, l'accord mineur, se rencontre un peu moins souvent; son effet est aussi en quelque sorte moins consonnant. Celui de 3e espèce, l'accord diminué, se voit assez rarement; son effet ne peut déjà plus être appelé consonnant, § 11. Enfin, l'accord de 4e espèce, l'accord augmenté, ne s'emploie presque jamais, aussi son effet, pris isolément, est-il tout à fait désagréable. Il n'en sera fait usage que dans l'article des accords altérés.

La manière d'enchaîner ces accords, d'en disposer les notes, &c. sera développée dans les deux chapitres suivans.

§ 14. Nota. Comme dans la suite on aura besoin à chaque instant de parler de tel accord, sur tel degré, dans tel mode, on se contentra, pour abréger, d'écrire le nom de la tonique et le chiffre du degré sur lequel se trouve la fondamentale de l'accord qu'on veut exprimer; ce chiffre représente à lui tout seul les trois notes qui composent l'accord. Ainsi en écrivant *Do* 2, ce 2 veut dire la fa re, car tel est l'accord de trois notes qui se trouve sur le second degré en *Do* majeur; en écrivant *la* 5, ce 5 veut dire si sol mi ♯, car telles sont les notes de la gamme de *la* (§ 4) qui composent l'accord du 5e degré; et ainsi de suite. Si l'on ne veut pas déterminer le ton, on n'indique que le mode, p. ex :

Mode majeur 1 6 4 5 1 ‖ Mode mineur 1 4 2 5 1 ‖

et alors on se représente les accords, n'importe dans lequel des douze tons de ce mode. Voici les accords du premier des deux exemples précédens, conçus en *Mi♭*, puis en *La*, et ceux du second, en *fa* et en *si*:

On peut donner des valeurs déterminées à ces mêmes notes; p. ex :

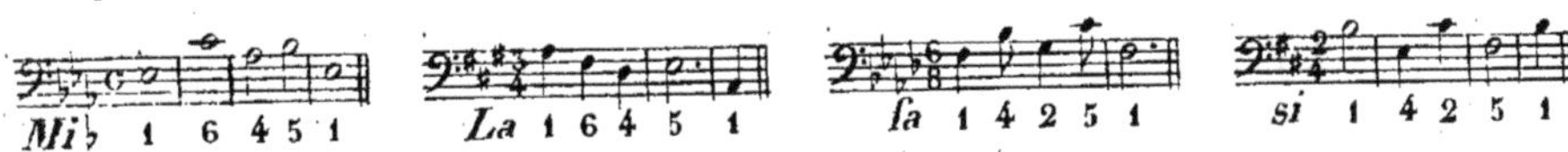

§ 15. Travail. — 1° Faire une accolade de trois portées; écrire sur la portée inférieure les quatre petits exemples précédens, et ceux des fig. 4 et 5 ci-dessous. Toutes les notes de ces exemples sont des fondamentales d'accords de trois notes. Mettre dans les deux autres portées la tierce et la quinte de ces accords. Il est indifférent que la tierce ou la quinte soit tour à tour dans l'une ou l'autre de ces deux portées supérieures (v. fg. 1 ci-dessous). Pour les clefs, on peut choisir entre les f. 1, 2 ou 3. Indiquer dans tout ce travail, au dessous des notes de la basse, le degré de la gamme, et au dessus, l'espèce de l'accord (f. 1, 2 et 3). Recommencer sur ces mêmes exemples, en les transposant chaque fois dans un autre ton, et jusqu'à parfaite connaissance de la position de chaque accord dans chaque ton. — 2° Ecrire, également sur une troisième portée, dans plusieurs tons et avec des valeurs différentes, les suites harmoniques de la f. 6, et remplir aussi les deux portées supérieures par les tierces et les quintes. — Conserver tous ces travaux, pour y corriger plus tard, soi-même, les fautes qui s'y trouveront contre la pureté de la réalisation. — Ne pas oublier, dans le courant des leçons, de mettre l'accident devant chaque 7e note du mode mineur (f. 2 et 3). — Voir l'appendice § 219 et 220, p. 131.

6)
Min. 1 4 5 1 6 4 2 5 6 4 2 5 1 ‖ Maj. 1 5 6 3 4 1 4 5 1 ‖ Min. 5 1 4 5 1 4 2 1 6 5 1 ‖

CHAPITRE II.

DE LA RÉALISATION DES ACCORDS CONSONNANS.

§ 16. On entend ici par *réaliser* ou *remplir* l'harmonie, écrire ou exécuter les différentes notes d'une suite d'accords. Cette matière peut se diviser ainsi qu'il suit: — 1º Des parties; — 2º Des notes doublées ou supprimées; — 3º De la distribution des notes de l'accord; — 4º De la durée des accords.

ART. 1. DES PARTIES.

§ 17. Dans l'harmonie on appelle *partie*, chaque série successive de notes fesant une mélodie différente de celle des autres séries qui se font entendre en même tems; p. ex: dans l'harmonie suivante;

(le même exemple écrit sur une seule portée)

on distingue quatre séries différentes; la plus haute fait: *re – si – la*, la seconde: *la – si – sol – mi – fa* #, &c. Ainsi l'exemple précédent est à quatre parties, ou comme on dit simplement, à 4; et les ex^les^ suivans sont, le premier, à 3 parties, le second à 6 et le troisième à une seule, puisque les cinq parties apparentes n'exécutent qu'une seule et même mélodie.

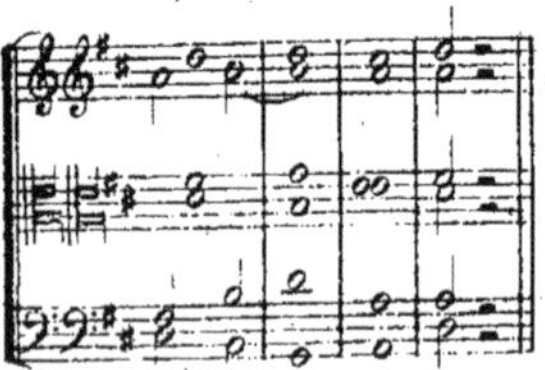

§ 18. On emploie à volonté depuis une jusqu'à huit parties, et même au delà; mais c'est l'harmonie à 3 et à 4 qui est la plus usitée, car lorsqu'il y a un plus grand nombre d'exécutans, comme p. ex: dans la musique à grand orchestre, on ne fait le plus souvent que redoubler à l'unisson ou à l'octave, comme dans le dernier exemple, l'une ou l'autre de ces séries. Cette matière sera développée davantage dans le chap. VI.

§ 19. Voici plusieurs expressions dont on aura besoin dans la suite: — 1° la partie la plus haute se nomme 1re partie, celle immédiatement au-dessous 2de partie, l'autre 3e partie &c ; — 2° la partie qui fait les notes les plus graves, se nomme la *basse*, et toutes les autres s'appellent parties *supérieures*; ou bien, pour ne parler que de la plus haute, on dit, *la* partie supérieure ; — 3° la plus basse et la plus haute ensemble se nomment parties *extrêmes*, et les autres, parties *médiaires* ; — 4° quand une partie inférieure monte momentanément plus haut qu'une autre qui lui est supérieure, ou vice versa, on dit que ces deux parties se *croisent* : la seconde croise la première &c ; — 5° une partie qui se distingue des autres, ou par un dessin particulier de sa mélodie, ou par la force ou le timbre de l'exécution, se nomme partie *prédominante*, et les autres, parties de *remplissage* ou d'*accompagnement*. Quelquefois le dessin &c. de plusieurs parties ou de toutes à la fois est tel, que chacune peut être considérée plus ou moins comme prédominante; et quelquefois, surtout dans l'harmonie proprement dite, aucune n'est écrite de manière à se faire remarquer plus que les autres: dans ce dernier cas ce sont les parties extrêmes qui se font sentir comme parties prédominantes ; — 6° une partie marche par degrés *conjoints*, quand elle monte ou descend par seconde majeure ou mineure, ou par demi-ton; elle marche par degrés *disjoints* quand elle fait un intervalle plus grand; p. ex. une seconde augmentée, une tierce, quinte, &c ; — 7° une partie est en *mouvement semblable* avec une ou plusieurs autres, lorsqu'elle monte ou lorsqu'elle descend avec elles en même temps ; en mouvement *contraire*, lorsque l'une monte et l'autre descend; et en mouvement *oblique*, lorsque l'une reste en place et que l'autre, ou les autres montent ou descendent; p. ex:

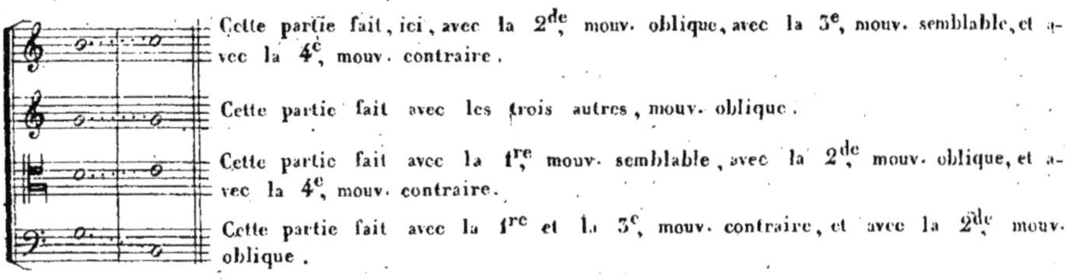

A) De la marche d'une partie prise isolément.

§ 20. Si, dans toute musique en général, on examine la marche isolée, la mélodie, d'une partie, on trouve — 1° que, selon l'importance que le compositeur a voulu donner à cette partie, elle renferme un sens mélodique ou ritmique plus ou moins déterminé; — 2° que, selon la nature de l'instrument ou de la voix qui doit exécuter cette partie, on y a employé à volonté tous les intervalles et toutes les valeurs de notes. Seulement, en comparant le nombre des faits, on trouve aussi, que certains intervalles, certaines valeurs et tournures se présentent plus ou moins fréquemment que d'autres. Voici ce qu'il y a de plus remarquable à cet égard:

— a) On rencontre *moins souvent*, surtout dans la musique vocale:

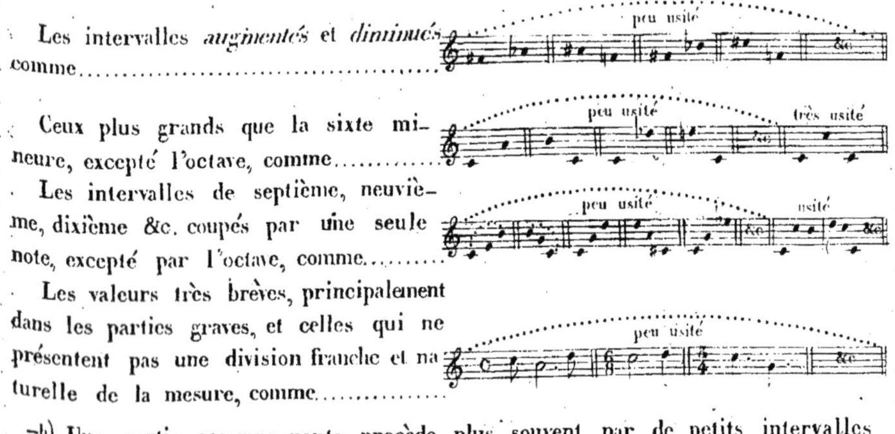

Les intervalles *augmentés* et *diminués* comme.......................

Ceux plus grands que la sixte mineure, excepté l'octave, comme............

Les intervalles de septième, neuvième, dixième &c. coupés par une seule note, excepté par l'octave, comme..........

Les valeurs très brèves, principalement dans les parties graves, et celles qui ne présentent pas une division franche et naturelle de la mesure, comme..............

— b) Une partie accompagnante procède plus souvent par de petits intervalles que par de grands; des successions réitérées de ce dernier genre ne se trouvent guère que dans une partie prédominante, p. ex. dans la basse.

— c) En mineur, une partie qui fait la note sensible au moment du changement de l'accord, monte presque toujours à la tonique (v. fig. 7); en majeur elle ne se soumet en général à cette marche forcée qu'à la fin des phrases (fig. 8).

§ 21. Le dessin de la partie supérieure f. 9, est considéré dans l'harmonie comme équivalent à la tenue de la f. 10; il en est ainsi de toute partie qui exécute des dessins du même genre. On envisage également la f. 11 comme équivalente de la f. 12, mais seulement tant que la seconde note, marquée du signe +, n'est pas accompagnée d'un autre accord que la première, ou qu'elle n'a pas plus de valeur que celle ci, ou que la valeur de l'une et de l'autre n'est pas bien longue. Cette matière sera développée davantage dans l'article des accords brisés. (On peut passer ce §; il ne pourra être bien compris que par la suite).

fig. 7) 8) 9) ou 10) 11) + ou + 12)

§ 22. Style d'école. Dans tous les exercices qu'on fera dorénavant, on observera comme règles ce qui est présenté dans cet article comme observations: ainsi on évitera qu'une partie fasse dans sa mélodie ce qui est signalé comme peu usité § 20 a (cependant on peut se permettre quelquefois une sixte maj., une quinte dim., une quarte aug. en montant et une septième dim. en descendant) et on se conformera le plus possible aux alinéas b) et c).

Travail. Un des meilleurs moyens d'apprendre à écrire d'une manière franche et naturelle est, de supposer que toutes les leçons qu'on fera devront être exécutées par des voix en choeur. Voici leurs limites approximatives qui ne doivent pas être dépassées, et même il faut autant que possible tenir chaque voix dans son médium. La portée inférieure indique le diapason de chacune comparativement au piano forte:

Reprendre les leçons qui ont été faites d'après le chap. précédent: y indiquer, comme dans la f. 13 ci-dessous, les fautes contre le présent article. Refaire ces mêmes leçons à quatre parties, comme dans l'ex. 14. Ceci oblige d'employer dans deux parties une des notes de l'accord; en attendant l'article suivant, il est indifférent que ce soit la fond[le], la tierce ou la quinte qui soit ainsi doublée. — A mesure qu'une leçon est terminée, chanter, jouer, ou même siffler chaque partie isolément, pour s'assurer si toutes les règles y sont observées, si elle n'est pas trop insignifiante et si, par le changement de quelques notes, on ne pourrait pas lui donner plus d'intérêt. Cet examen doit surtout se faire pour les parties extrêmes. — Conserver ces leçons. — On est souvent tenté, pour se tirer d'embarras, de faire quelqu'intervalle diminué ou augmenté, de sauter, ou de surpasser l'étendue de la voix que l'on a choisie pour telle partie.

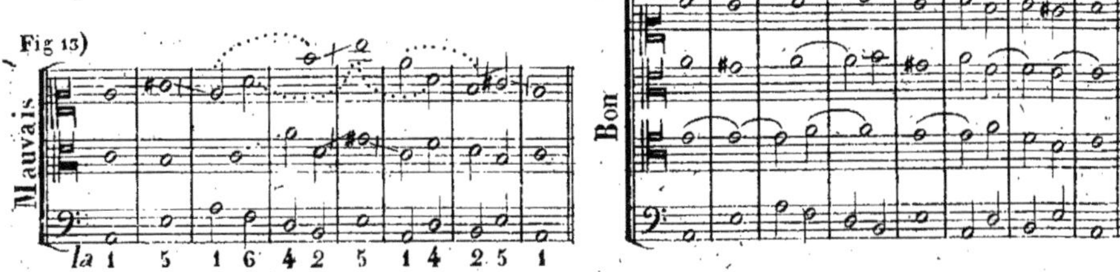

B) De la marche des parties dans leur rapport respectif.

§ 23. Le rapport des parties entr'elles peut s'envisager sous quatre points de vue, qui sont: — 1º la valeur des notes, — 2º la force et le timbre, — 3º la distance d'une partie à l'autre, — 4º le mouvement des parties entr'elles.

§ 24. Quant à la *valeur des notes*, pour bien traiter cette question, il faudrait développer la théorie du *rhytme*, ce qui n'entre point dans le plan de cet ouvrage. Il suffit d'observer ici, qu'il y a beaucoup de morceaux où toutes les parties marchent constamment en valeurs semblables; mais qu'il y en a aujourd'hui davantage où les valeurs d'une partie sont différentes de celles des autres. Cette variété, quoique d'un puissant secours dans la composition en général, ne semble présenter rien de particulier pour l'harmonie proprement dite, et sous ce rapport, elle dépend uniquement du caprice du compositeur. Il est donc indifférent qu'il y ait huit croches dans une partie pendant qu'il y a une ronde dans une autre, deux blanches dans une troisième, &c.

§ 25. Quant à la *force* et au *timbre*, il n'y a d'observation à faire que lorsque les différentes parties sont rendues inégalement, p. ex: l'une par des instrumens, l'autre par des voix, l'une en choeur, l'autre en solo &c. Ceci regarde principalement l'*instrumentation* qui également n'est point comprise dans le plan de cet ouvrage. Ce qu'il y a de plus essentiel à savoir à cet égard se trouvera chap. VI. En attendant on supposera toutes les parties exécutées avec la même force et le même timbre.

§ 26. Quant à la *distance* d'une partie à l'autre, il en sera parlé dans l'article sur la disposition des notes de l'accord.

§ 27. Enfin, quant au *mouvement* des parties entre-elles, voici ce qu'il y a à observer (voir § 19,-7°):

Le mouvement *contraire* et le mouvement *oblique* ne semblent rien présenter de particulier: on n'a point remarqué qu'il ait été pris quelques précautions à leur égard. Ce n'est que lorsque deux ou plusieurs parties marchent par mouvement *semblable* qu'il est certaines versions qui ont été plus ou moins évitées. Règles générales:

– 1° on évite qu'une partie quelconque fasse avec une autre partie par mouvement semblable, deux ou plusieurs *quintes justes*, ou *octaves*, ou *unissons*, de suite (fig. 15 a, b et c);

– 2° on évite aussi que deux parties arrivent par mouvement semblable sur une quinte juste, octave ou unisson, quelque soit l'intervalle précédent (fig. 15 d); à moins toutefois que ces deux parties ne marchent, la supérieure, par degrés conjoints, et l'inférieure, par degrés disjoints. (fig. 16 e.)

§ 28. Quand on viole la 1re règle, on dit qu'on fait *deux quintes*, ou *octaves de suite*, *deux quintes consécutives*, ou simplement, *deux quintes*, *deux octaves ou unissons*. On appelle pour l'ordinaire, quinte ou octaves *cachées*, toutes les versions où les parties arrivent par mouvement semblable sur une quinte, octave ou unisson; mais dans cet ouvrage on ne nommera ainsi que les versions défendues par la 2de règle, et conséquemment celles fig. 15 d, et non celle fig. 16 e.

§ 29. Remarques. A bien examiner les ouvrages des compositeurs en réputation, il semble que sur cette matière chacun s'est fait un autre système, selon que son goût et son oreille ont rejeté ou approuvé telle version. Il y en a qui n'ont fait deux quintes &c. que dans certains cas qui seront expliqués par la suite; d'autres ne les ont évitées rigoureusement qu'entre les parties extrêmes ou prédominantes; d'autres se sont fait peu de scrupule de celles ou les deux parties sautent; d'autres enfin, et c'est la plupart, présentent un amalgame de ces différentes nuances. Quant aux quintes et octaves *cachées* (celles qu'on entend ici) elles ont été évitées assez généralement entre les parties extrêmes, mais entre les parties médiaires ou accompagnantes, ou entre celles-ci et une des parties extrêmes, on les rencontre aujourd'hui presque à chaque page. D'un autre côté il y a encore des auteurs qui sont plus sévères que les deux règles ci-dessus, en évitant p. ex: *deux* quintes ou octaves même par mouvement contraire, surtout entre les parties extrêmes (fig. 15 f.) et en ne se permettant pas toutes les versions de l'exemple fig. 16, e. Ainsi en recueillant la voix de chacun dans ses ouvrages, on croit avoir établi ici un juste milieu entre tous.

§ 30. Le mouvement des parties ne présente jusqu'ici rien qui ne soit très usité relativement aux tierces, sixtes et quartes; ce qui à rapport aux secondes, septièmes et neuvièmes, sera expliqué dès que ces intervalles pourront se trouver dans l'application.

§ 31. Style d'école. Se conformer dans le travail aux règles du § 27; toutefois, pour obtenir une mélodie plus franche, on peut se permettre de tems à autre une quinte ou octave cachée, mais seulement entre les parties médiaires, ou bien, mais plus rarement, entre une de celle-ci et une des parties extrêmes. Eviter les quintes et octaves par mouvement contraire et principalement entre les parties extrêmes (fig. 15 f).

Travail. Reprendre les dernières leçons, y indiquer les deux quintes, octaves ou unissons, par le signe ═ et les quintes &c cachées, par celui ci — comme dans l'ex: 15. — Refaire à 4, dans différens tons, ces mêmes leçons, ainsi que les suivantes:

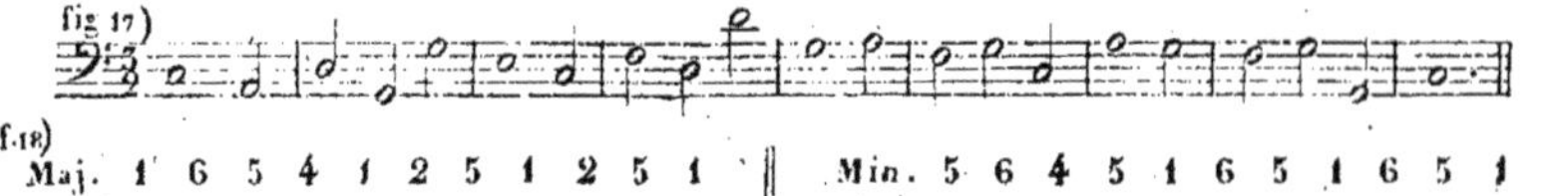

Lorsqu'une leçon n'est donnée qu'en chiffre, faire toujours en attendant la partie de basse en premier lieu.

Les quintes et les octaves présentent longtems de grandes difficultés; il en échappe quelquefois encore lorsqu'on est déjà bien avancé sur tous les autres points de l'harmonie. On se figure quelquefois les éviter ainsi:

Voyez § 21.

Ce moyen n'est bon que lorsque la seconde note reste en place, ou lorsqu'il n'y a qu'une quinte ou octave cachée, comme :

ART. 2. DES NOTES DOUBLÉES ou SUPPRIMÉES.

§ 32. Pour obtenir certains effets, on double, on triple &c. quelquefois une note de l'accord, ou bien, on en supprime une ou plusieurs ; quelquefois même on ne fait avec toutes les parties qu'une seule note, à l'unisson ou à l'octaves (fig: 22). Cependant cette manière de doubler et de supprimer n'est pas celle qui s'emploie le plus souvent ; voici ce qu'on observe en général à cet égard :

§ 33. Si par le nombre de parties qu'on emploie, ou par d'autres circonstances, on est obligé de répéter dans une partie, ou dans plusieurs, une note de l'accord, on double de préférence la *fondamentale*, puis la *quinte*, et la tierce seulement quand on ne peut doubler les deux autres ; ex :

Dans l'ex. 19, les notes ont toujours été doublées à la distance d'une ou de plusieurs octaves, et dans l'ex. 20, elles ont été doublées quelquefois à l'unisson. Cette dernière manière de doubler rend l'harmonie moins pleine, et, tant que rien ne s'y oppose, on préfère la première.

§ 34. Si l'on est obligé de *supprimer* quelque note de l'accord, on se passe de préférence de la quinte, puis de la fondamentale et rarement de la tierce, (v. f. 21).

21)

22)

L'accord de la dominante est peut être le seul qui, sans tierce, ne laisse pas un vide désagréable; ex: usité Do 1 5 ou usité do 1 5

Il sera parlé plus tard (chap. VI art. 2) de la manière de doubler une *mélodie* en unisson ou octaves.

§ 35. Style d'école. Doubler ou supprimer le plus possible selon les § 33 et 34.

Travail. Remplir les leçons suivantes a 3 et a 4.

ART. 3. DE LA DISTRIBUTION DES NOTES DE L'ACCORD.

§ 36. La nature de l'accord reste la même quelleque soit la distribution des notes qui le composent. Voici p. ex. l'accord de *Sol* sous plusieurs faces:

mais chacune de ces distributions produit un effet d'une nuance différente.

§ 37. Les plus remarquables de ces nuances sont celles où la note inférieure, la basse, est une autre que la fondamentale (p. ex: la tierce ou la quinte, comme dans les fig. 24 et 25), et dans ce cas l'accord est, ce que l'on appelle, *renversé*; il est dans l'*état direct*, chaque fois que la fond^le^ est à la basse (fig. 23).

§ 38. Que l'accord soit renversé ou non, la distribution des notes supérieures se nomme *position*.

A). De la position.

§ 39. La position est *large*, p. ex: ou &c ou *serrée*, p. ex: ou &c

§ 40. Les compositeurs usent, relativement à la position de l'accord, de toutes les combinaisons que leur offre l'étendue des voix et des instrumens pour lesquels ils écrivent. Cependant, chaque fois qu'ils n'ont pas en vue un effet particulier qui demande une position extraordinaire, ils gardent un juste milieu entre la position serrée et la position large, de manière, que la distance d'une partie à l'autre soit à peu près égale, ou bien, en cas d'inégalité, que les parties se trouvent plutôt serrées vers l'aigu que vers le grave.

§ 41. La position, quoiqu'à peu près indifférente pour un accord pris isolément, ne l'est point pour son enchainement avec d'autres accords. C'est la partie supérieure qui contribue le plus à l'effet. Les nuances qui, à cet égard, résultent des différentes positions, sont si variées, que le détail en deviendrait probablement plus fastidieux qu'instructif: l'oreille et l'expérience y suppléeront.

§ 42. Dans l'ex. 26, les parties opèrent un changement de position qui n'est que pour l'oeil, car pour l'effet, en supposant, dans l'exécution, des timbres semblables, il n'est autre que celui de l'ex. 27. Cette particularité vient du croisement des parties lequel exige certaines précautions; p. ex. quoique la f. 28 ne présente point de quintes consécutives à l'oeil, elle produit à l'oreille l'effet de la f. 29. On fait rarement croiser les parties, et si l'on y est forcé quelquefois, on tâche de les remettre le plutôt possible dans leur ordre primitif.

§ 43. Dans un changement de position, pendant la durée du même accord, les quintes &c. défendues § 27, n'ont rien qui blesse: tous les compositeurs en font usage. fig. 30.

§ 44 Style d'école. Distribuer l'accord le plus également possible; du reste se conformer aux § 40 à 43. Essayer pour chaque leçon plusieurs positions différentes, surtout avec la partie supérieure, afin de trouver celle, ou une de celles qui semblent le mieux convenir.

Travail. Remplir à 3 et à 4 les leçons suivantes. Il arrive souvent que l'élève serre trop les parties d'un côté, et qu'il les fait croiser sans s'en appercevoir. Voir l'appendice p.131, § 121 et 122.

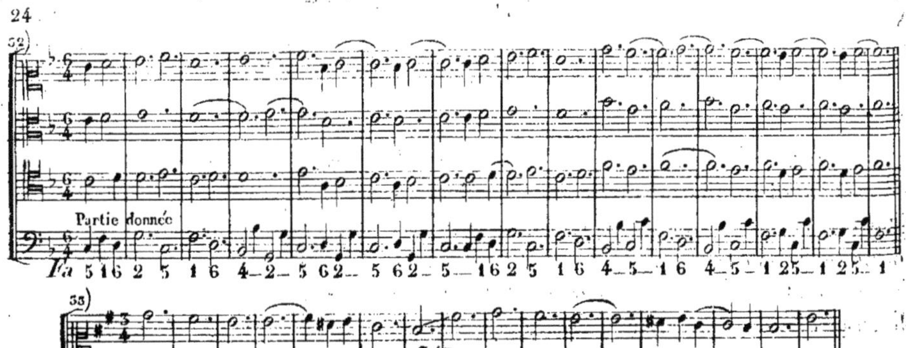

§ 45. Les leçons qu'on trouvera désormais toutes réalisées, doivent servir de guide: On n'en copiera que la partie donnée, et après avoir réalisé les autres parties, on viendra les comparer avec celles du livre, pour voir en quoi ces dernières pourraient être préférables; puis on étudiera ces mêmes leçons dans toutes leurs parties, telles qu'elles sont réalisées dans cet ouvrage, et jusqu'à ce qu'on soit en état de les écrire entièrement par cœur.

B) Du renversement.

§ 46. Si l'on excepte quelques formules qu'on verra dans l'article sur les cadences, l'emploi du renversement est aussi arbitraire que celui de la position; seulement, comme il a plus d'influence que cette dernière sur l'effet de l'accord, le choix en demande plus de précaution. § 36-38.

§ 47. Il y a *premier* renversement, lorsque la *tierce* d'un accord est à la basse; *second* renversement, lorsque c'est la *quinte*; troisième ou quatrième renversement, lorsque c'est la septième, ou la neuvième, ce qui n'a lieu que dans les accords de quatre et de cinq notes.

a) *Premier renversement.*

§ 48. Un accord qui est dans ce renversement s'appelle communément accord de *sixte*, puisque l'une des parties supérieures fait cet intervalle avec la basse, ce qui n'a pas lieu quand l'accord est dans l'état direct. De tous les renversements, c'est celui qui s'emploie le plus fréquemment, mais surtout avec l'accord du 1er, 2e et 5e degré:

§ 49. Nota. L'on voit par les exemples précédens, que le renversement ne change rien à l'indication des accords, proposée § 14; car il suffit toujours d'écrire le chiffre du degré qu'occupe la fondamentale pour reconnaitre chaque accord de la manière la plus précise.— La barre après un chiffre prolonge le même accord.

§ 50. On double plus souvent la quinte de l'accord et même la tierce dans les renversemens que dans l'état direct. Examinez sous ce rapport f. 34, 35 et 37.

§ 51. Style d'école. Ne point renverser les deux derniers accords de chaque leçon; on en saura la raison plus tard.

Travail. — 1° Remplir à 3 et à 4 les leçons f. 34 à 39 — 2° Prendre les suites d'accords f. 6, p. 14; en faire plusieurs parties de basse dans différens tons et mesures; voici p. ex. la première de ce suites sous différentes formes:

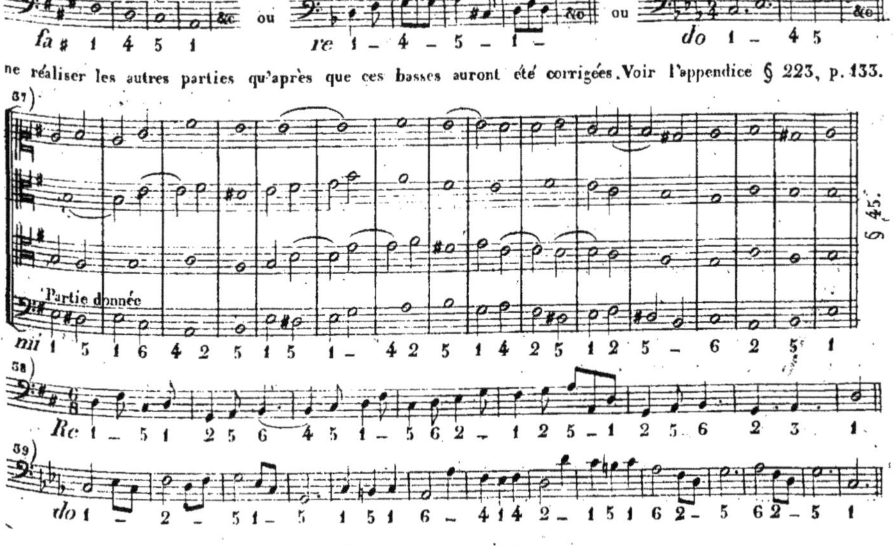

ne réaliser les autres parties qu'après que ces basses auront été corrigées. Voir l'appendice § 223, p. 133.

b). *Second renversement*.

§ 52. Voir § 47.— Un accord qui est dans ce renversement se nomme aussi accord de *sixte-quarte*, ou *quarte-sixte*, les parties supérieures fesant avec la basse ces intervalles.

§ 53. Le second renversement ne se rencontre pas aussi souvent que le premier; il ne se pratique ordinairement que pour les accords du 1er, 5e, 4e et 2e degré; ex:

40)

la 1 4 1 5 1 4 1___5 6 2 5 1

§ 54. Dans la manière de traiter ce renversement, on a observé plus ou moins certaines précautions relativement à la mélodie de la basse et à la mélodie de celle des parties supérieures qui fait quarte avec la basse; règles:

– 1° *Marche de la basse*. Pour attaquer ou pour quitter un accord dans le second renversement, la basse marche par *degrés conjoints* (f. 41 à 47), ou *reste en place* (48, 49). Ce n'est que sur le second renversement du 1er degré des deux modes que la basse arrive quelquefois par degrés disjoints (50, 51).

– 2° *Marche de la partie supérieure qui fait quarte avec la basse*. Cette partie *reste en place*, soit pour attaquer soit pour quitter l'accord, chaque fois que la basse marche par *seconde majeure* (41, 42). Il n'y a encore ici que l'accord du 1er degré qui ne demande pas cette précaution (45 à 47). Cette seconde règle est moins généralement observée que la première.

On observe ou on néglige indifféremment ces deux règles, soit pour attaquer le second renversement, quand il est précédé d'une autre distribution du même accord (f. 52), soit pour le quitter, quand il est suivi d'une autre distribution du même accord (53).

§ 55. Dans le second renversement du 5e degré des deux modes, on se passe souvent de la fondamentale, surtout quand les circonstances ne permettent pas de traiter la quarte convenablement, f. 54. On reviendra dans une autre occasion sur cette suppression de la fondamentale. – § 34.

§ 56. *Ecriture de l'harmonie*. On peut indiquer le retranchement de la fondamentale en barrant le chiffre horizontalement, f. 54.

§ 57. Quand une partie descend audessous de la partie de basse, on a soin, pour éviter des quartes mal employées (f. 55), que chacune de ces deux parties, considerée isolément, remplisse les conditions d'une bonne basse (f. 56). Cette observation est sujette à beaucoup de modifications, surtout dans l'instrumentation.

§ 58. *Style d'école.* Se conformer aux principes des § 54 et 57; si deux parties supérieures font quarte à la fois, ce qui a lieu quand la fondamentale est doublée, il suffit qu'une seule se conforme à la règle.

Travail — 1° Examiner, dans les leçons qui ont été faites précédemment, si la basse a été croisée et s'il en est résulté des quartes mal employées; — 2° remplir à 3 et à 4 les leçons 40 et 57 à 60; — 3° prendre les chiffres de quelques unes des leçons précédentes, pour en faire d'autres morceaux dans différens tons et mesures, et avec l'emploi des deux renversemens. On a pour l'ordinaire assez de peine à observer tout ce qui a été dit dans cet article. — Voir l'appendice p. 133, § 224; et, pour ceux qui désirent connaître la basse chiffrée, v. § 233 et 234.

ART. 4. DE LA DURÉE DES ACCORDS CONSONNANS.

§ 59. La *durée* des accords est très variable: il y en a qui n'ont que celle d'une double croche et même moins, d'autres, dans le même morceau, durent jusqu'à seize mesures et davantage. Toutefois ces valeurs bien longues ne s'emploient guère que pour l'accord du 1er au du 5e degré; celui des 3e et 7e degrés est ordinairement assez court. On peut observer en général que la nature de l'harmonie semble se refuser aux changemens d'accords trop précipités: aussi voit-on que les durées longues et moyennes ont été souvent préférées; ou bien, pour s'exprimer plus positivement, le nombre de cas où les accords durent une seconde (60e partie de la minute) et plus, dépasse peut être celui ou ils durent moins.

Il ne faut point confondre ici la durée de l'accord avec la valeur des notes: celle-ci est souvent courte pendant que l'autre est très longue; comme dans l'ex. suivant, où l'accord 1 dure sept mesures et demi.

Style d'école. Pour la durée des accords, observer un juste milieu, à peu près comme dans les exemples de cet ouvrage.

Travail. Faire quelques leçons avec les chiffres des fig: 59 et 60, en donnant différentes durées aux accords.

Récapituler ce chapitre pour s'assurer si tout ce qu'il renferme est parfaitement sû. Il est essentiel de ne point le quitter avant qu'on ne soit exercé sur les moindres détails, autrement on se trouverait, dans la suite, arrêté à chaque pas.

CHAPITRE III.

DE L'ENCHAINEMENT DES ACCORDS CONSONNANS.

§ 60. Dans le chap. I, on a appris quels sont les différens accords de trois notes et sur quels degrés des deux modes ils se trouvent; dans le chap. II, on a vu comment ils se rendent, s'exécutent, se réalisent par les différentes parties; ici l'on examinera comment ils s'enchainent entr'eux. Cette matière peut se diviser ainsi qu'il suit:

– 1º *Enchainement des accords dans une même gamme;*

A) En général,

B) Relativement aux phrases et cadences,

C) Dans les marches harmoniques;

– 2º *Enchainement des accords d'une gamme à une autre, ou modulations.*

ART. 1 DE L'ENCHAINEMENT DES ACCORDS DANS UNE MÊME GAMME.

A) EN GÉNÉRAL.

§ 61. En examinant d'abord l'emploi qui a été fait de chaque degré (c'est à dire de l'accord qui s'y trouve), on remarque que l'on s'est servi du 1er plus que de tous les autres: c'est ordinairement avec l'accord de ce degré que l'on commence, c'est sur lui que l'on revient le plus souvent, et c'est toujours par lui qu'on termine. Après ce degré vient le 5e: il y a une foule de morceaux qui ne sont faits qu'avec les accords de ces deux degrés. Vient ensuite le 4e &c. selon l'ordre suivant:

Mode majeur. 1er degré, 5e ______, 4e ______, 2e ______, 6e ______, 3e ______, 7e.

Ainsi les accords des degrés 3 et 7 sont les moins usités.

En mineur cet ordre ne change qu'en ce qui concerne le 3e degré (accord augmenté) qui ne se rencontre presque jamais et qui, par conséquent, occupe le dernier rang.

Mode mineur. 1er degré, 5e ______, 4e ______, 2e ______, 6e ______, ______, 7e ______, 3^e

§ 62. Le passage d'un accord à l'autre se nomme *succession*, ou *enchaînement*. Dans l'ex. suivant: (la 5 1) il y a une succession de *quarte supérieure*, ou, ce qui est la même chose, de *quinte inférieure*, les fondamentales de ces deux accords étant à la distance de l'un ou de l'autre de ces deux intervalles. Il y a des successions de tous les intervalles; p. ex:

Dans une suite harmonique, ces successions se trouvent mêlées arbitrairement; cependant il y en a qui sont plus usitées que d'autres; les voici rangées suivant leur importance:

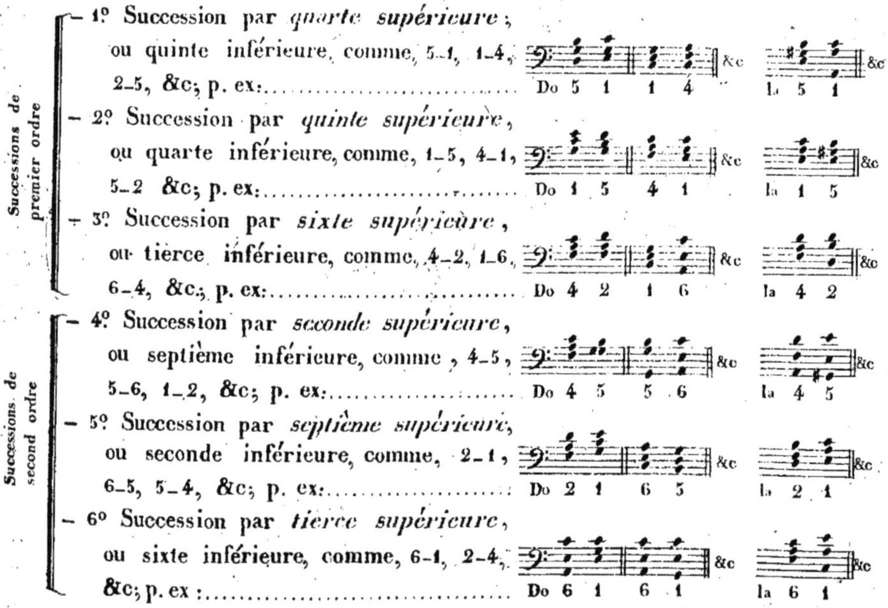

Successions de premier ordre

– 1° Succession par *quarte supérieure*, ou quinte inférieure, comme, 5–1, 1–4, 2–5, &c; p. ex: .... Do 5 1 1 4 &c la 5 1 &c

– 2° Succession par *quinte supérieure*, ou quarte inférieure, comme, 1–5, 4–1, 5–2 &c; p. ex: .... Do 1 5 4 1 &c la 1 5 &c

– 3° Succession par *sixte supérieure*, ou tierce inférieure, comme, 4–2, 1–6, 6–4, &c.; p. ex: .... Do 4 2 1 6 &c la 4 2 &c

Successions de second ordre

– 4° Succession par *seconde supérieure*, ou septième inférieure, comme, 4–5, 5–6, 1–2, &c; p. ex: .... Do 4 5 5 6 &c la 4 5 &c

– 5° Succession par *septième supérieure*, ou seconde inférieure, comme, 2–1, 6–5, 5–4, &c; p. ex: .... Do 2 1 6 5 &c la 2 1 &c

– 6° Succession par *tierce supérieure*, ou sixte inférieure, comme, 6–1, 2–4, &c; p. ex: .... Do 6 1 6 1 &c la 6 1 &c

§ 63. Quoique les successions par quarte supérieures s'employent plus généralement que les autres, il faut distinguer celles qui se font avec des degrés plus ou moins usités; p. ex: 5–1 se voit bien plus souvent que 7–3, quoique l'une et l'autre de ces deux successions fasse quarte supérieure. La même chose a lieu pour les cinq autres espèces d'enchaînement.

D'après cette observation, on pourrait représenter par le tableau suivant, le rang qu'occupe chacune des quarante deux successions que donnent les sept degrés d'une gamme:

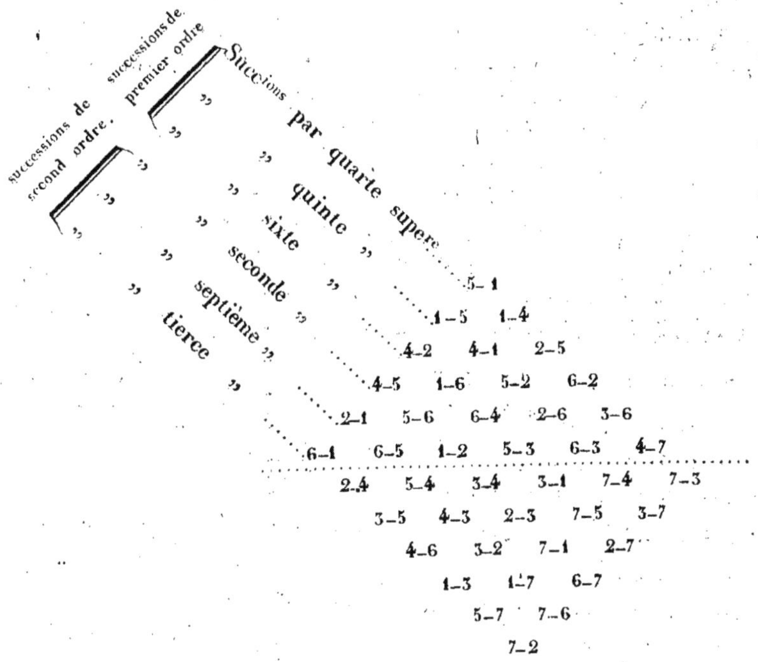

L'extrêmité supérieure de ce tableau présente les successions qui s'emploient le plus; à mesure que l'on descend, elles sont d'un usage plus rare. Toutes celles qui se trouvent sur une même ligne horizontale sont à peu près du même rang.

§ 64. Remarques. Ce tableau s'applique aux deux modes, seulement, en mineur, les successions qui comprennent les degrés 3 et 7, devraient s'y trouver plus bas. § 61. — Les successions de premier ordre peuvent être considérées comme bâse de l'enchaînement; elles se succèdent souvent très longtems sans interruption, pendant que celles de second ordre (secondes, septièmes et tierces supérieures) ne se rencontrent què de distance en distance, intercalées comme des exceptions dans celles du premier ordre. Il existe des milliers de morceaux qui n'ont point de successions de second ordre, tandis qu'on n'en connait point qui ne soient composés que de ces dernières. — Il y a des compositeurs qui ont affecté toujours certaines successions, d'autres qui n'ont jamais passé le centre du tableau, et d'autres qui les ont employées toutes. Dans la musique ancienne et généralement dans la musique d'église, ce centre a été passé plus souvent que dans la musique de théâtre et de chambre. L'emploi presqu'exclusif des dernières successions de ce tableau, n'a lieu aujourd'hui que dans certaines formules appelées marches harmoniques, ainsi qu'il sera dit à la fin de cet article. — Il y a des ouvrages de grande dimension, p. ex. certains opera, dont toute l'harmonie est construite avec les successions des quatre ou cinq premières lignes horizontales. — L'effet des successions correspond en général aussi à cette classification; non qu'on veuille dire par là que celles de l'extrêmité inférieure de ce tableau soient précisément mauvaises; mais seulement, qu'étant moins usitées, elles nous semblent être moins naturelles. — Du reste, une succession peut faire un tout autre effet suivant qu'elle est précédée ou suivie de telle autre, réalisée de telle manière, en valeurs longues ou brèves, forté ou piano, au commencement ou à la fin d'une phrase &c. Ceci conduit, comme on voit, à l'infini et démontre que l'enchainement des accords n'est soumis, en dernier ressort, qu'à l'oreille et à l'expérience.

§ 65. Réalisation. L'enchainement 1-2 ne parait jamais plus satisfaisant que lorsque l'accord 2 est dans le premier renversement, comme (Do 1 2 | 1 2 | 1 2 | La 1 2). Cette succession s'emploie plus fréquemment que le tableau n'indique, mais seulement sous la forme précédente, car autrement, lorsque l'accord 2 est dans l'état direct, ou en sixte-quarte, elle est bien à la place qui lui est assignée dans le tableau. Les meilleures versions pour 6-1 sont (Do 6 1 | 6 1). Pour les autres successions audessus du centre, la réalisation est assez arbitraire, mais pour celles au-dessous, elles sont très délicates et demandent presque toutes, et principalement celles du second ordre, que leur deuxième accord soit dans le premier renversement.

§ 66. Style d'école. Depasser le centre du tableau le moins possible et seulement d'une ligne; en mineur ne pas employer le 3e degré (accord augmenté) et, par conséquent, exclure toutes les successions qui le comprennent; ne pas faire beaucoup de successions du second ordre de suite. § 64.

Travail. — 1° Analiser quelques unes des leçons précédentes; manière de faire cette analyse (p.ex avec la leçon f. 40):

(La 1 4 1 5 1 4 1 5 6 2 5 1; 4te sup. 5te sup. 4te sup. 4te id. 4te id. 5te id. 4te id. 2de id. 4te id. 4te id. 4te id.)

Résumé: six successions par 4te sup, quatre par 5te sup, une par 2de sup; total, dix du premier ordre, une du second; le 1er degré 5 fois, le 5e 3 fois, le 4e 2 fois, le 2e et le 6e une fois; la 3e ligne du tableau n'est passée qu'une fois. — 2° Inventer une partie de basse sans y employer encore d'autres notes que celles du ton que l'on aura choisi, et sans y avoir égard aux accords ni à aucune succession harmonique; ainsi cette partie ne doit être soignée que mélodiquement, p.ex: (Do)

Indiquer sous cette partie l'harmonie qu'on veut lui donner, en choisissant de préférence les principaux degrés et les successions les plus naturelles; p.ex. la note do qui commence cette phrase peut appartenir aux accords 1, 4 et 6 du ton de *Do*; mais comme l'accord 1 est le plus usité et que d'ailleurs on ne commence presque jamais avec un autre, c'est celui qu'il faut ici préférer. La note suivante, re, peut porter 2, 7 ou 5, ce qui donne à choisir entre les successions 1-2, 1-7 et 1-5; cette dernière est préférable (consultez le tableau); ainsi: (Do 1 5). La note mi qui suit, peut porter 3, 6 ou 1, donnant 5-3, 5-6 ou 5-1; cette dernière succession est la plus naturelle; ainsi: (Do 1 5 1). Pour ce mi on n'aurait d'ailleurs pas choisi 5-6, puisque l'accord 6 aurait été dans le 2e renversement, ce qui ne se fait guère avec 6 (§ 53). En continuant ainsi, on obtiendra pour les trois autres notes, fa sol la, l'une des cinq versions suivantes: (Do 4 1 4 | 2 5 6 | 4 5 4 | 2 1 6 | 4 5 6) qui sont presqu'également usitées. Les deux notes si do, forcent pour ainsi dire à faire 5-1. Les trois notes qui terminent peuvent être  4 5 1 ou  2 5 1 ou bien 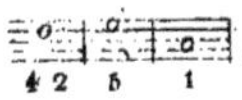 4 2 5 1 ou 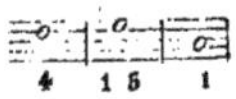 4 1 5 1

Voici donc plusieurs manières également bonnes d'accompagner une phrase, sans employer un 3e ou 7e degré, et sans passer le centre du tableau :

Do	1	5	1	4	1	4	5	1	4	5	1
ou Do	1	5	1	2	5	6	5	1	2	5	1
ou Do	1	5	1	2	1	6	5	1	4 2	5	1
ou Do	1	5	1	4	5	4	5	1	4	1 5	1 &c.

Faire beaucoup de ces basses, dans différens tons et mesures; et, lorsqu'elles auront été corrigées, ainsi que l'indication de l'harmonie, en réaliser les parties supérieures.— 3° Chiffrer plusieurs des leçons précédentes, c'est à dire, prendre la partie donnée sans les chiffrer, pour indiquer ceux-ci soi-même et les comparerer ensuite avec ceux du livre.

De toutes les successions que l'on doit ménager dans le travail, c'est celle de la tierce supérieure qui échappe le plus volontiers.— Voir l'appendice p. 134, § 225.

B) De l'enchainement des accords relativement aux phrases et cadences.

(Cette matière étant principalement du ressort de la mélodie, il n'en est dit ici que ce qu'il y a de plus essentiel pour l'harmonie).

§ 67. Dans ce qui précède, on n'a parlé que du passage d'un accord à l'autre; mais il importe aussi de considérer l'ensemble qui résulte d'un certain nombre d'accords et qu'on appelle *phrase*.

§ 68. Il n'y a pas de moyen positif pour distinguer une phrase harmonique; le tact seul peut guider, car elle n'est déterminée que par la nature de l'idée. Voici cependant ce qu'on peut remarquer en général:

– 1° La *longueur* d'une phrase semble être arbitraire: il y en a depuis 2 jusqu'à 16 mesures et davantage, selon le mouvement du morceau; celles de 8 et de 4 mesures sont les plus usitées.

– 2° La *première phrase* d'un morceau *commence* ordinairement par l'accord 1, rarement par 5, et presque jamais par un autre; les phrases suivantes commencent presqu'indifféremment par tout autre accord.

– 3° *Dans le courant* de la phrase, les accords se choisissent et s'enchainent comme il est dit dans les § 61 à 65.

– 4° *La fin* d'une phrase est ce qu'il y a de plus positif pour l'harmonie: il y a des phrases qui finissent:

a) par 5-1, les deux accords non renversés (f. 61 m). Cette formule harmonique à la fin d'une phrase s'appelle *cadence parfaite*;

b) par 5 non renversé, n'importe ce qui précède (f. 61 l). Ce repos se nomme *demi-cadence*;

c) par 4-1, le dernier non renversé (f. 61 i). Ce repos se nomme *cadence plagale*.

d) Il y a des phrases qui semblent vouloir se terminer par une cadence parfaite, mais au lieu du dernier accord, il en arrive un tout autre que celui de 1 (f. 61, l.); cette version se nomme *cadence rompue*.

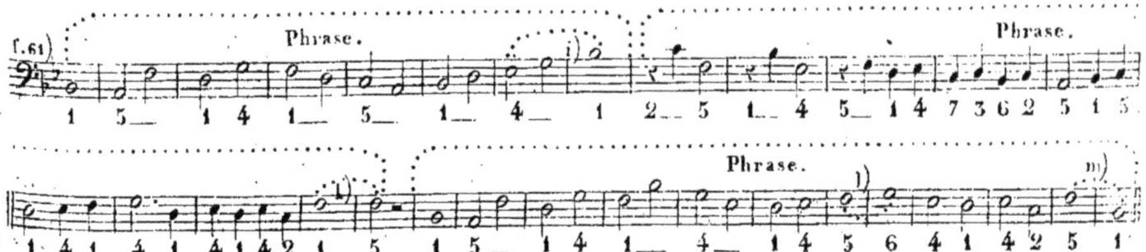

§ 69. Un morceau contient ordinairement plusieurs phrases, mais il y en a aussi de petits qui ne sont composés que d'une seule. Ces phrases se terminent indifféremment par l'une ou l'autre des cadences, et ce n'est que la dernière phrase qui, dans la musique moderne, se termine toujours par la cadence parfaite à laquelle est ajoutée quelquefois une espèce de coda fesant la formule de la cadence plagale (f. 64, p.), ou d'une autre succession.

§ 70. Nota. En écrivant l'harmonie avec les chiffres seulement, on peut indiquer la fin d'une phrase par |, la cadence rompue par ∤, et la fin du morceau par ‖. ex:

f.62) maj. 1 5 1 4 1 5 | 2 5 1 2 1 5 4 ∤ 1 5 1 ‖

f.63) min. 1 5 1 6 4 2 5 1 | 5 1 5 1 4 1 4 1 2 1 5 1 | 4 1 4 1 ‖

§ 71. Il y a des phrases qui sont divisées en plusieurs *membres*, p. ex:

La fin de ces membres à lieu sur tout accord, renversé ou non (f. 64, n, o.) et même sur des formules de cadences (f. 65, q, r, s.), ce qui fait que dans ce dernier cas la fin d'un membre peut être envisagée souvent comme fin de phrase.

§ 72. Les membres qui composent une même phrase ont ordinairement entre eux une longueur symétrique, p. ex: les membres d'une phrase de 8 mesures sont: 2 mesures, 2___, 2___, 2___; ou 4___, 4___; ou 2___, 2___, 4___; rarement 6___, 2___, et peut être jamais 3___, 2___, 3___, ni 5___ 3___, &c. Les membres d'une phrase de 10 pourraient être: 4___, 6___, ou 5___, 5___, mais non pas 2___, 5___, 3___, &c. C'est surtout après les membres dont le nombre de mesures est impair, qu'on fait suivre un autre de la même longueur. Les membres les plus usités sont ceux dont le nombre de mesures est pair. Ex:

§ 73. Réalisation. Le repos de la cadence parfaite n'est bien satisfaisant que lorsque, dans le dernier accord, la partie la plus haute fait la fond.le Quelquefois on affaiblit à dessin le repos des cadences, et à cet effet on renverse un des accords qui devraient être dans leur état direct, ou bien, pour la cadence parfaite, on donne à la partie supérieure une autre note que la fondamentale. Exemples de cadences affaiblies:

D'une phrase à l'autre, ou d'un membre à l'autre, on ne se gêne point pour faire sauter les parties; on y rencontre souvent des quintes et des octaves cachées, et même, quand une phrase est bien séparée de l'autre, on voit par fois deux quintes ou octaves sans que l'oreille s'en apperçoive.

§ 74. Travail. — 1° Chiffrer et remplir les leçons f. 61 et 64 à 68, en suivant la méthode indiquée § 66. N° 3. — 2° Faire quelques parties supérieures en différens tons et mesures, avec l'harmonie des leçons f. 62 et 63; p. ex. avec f. 62:

Ecrire, sous chacune de ces parties, une basse tirée des mêmes accords, formant pour elle seule, prise isolément, une mélodie assez suivie et accompagnant bien la partie supérieure; p. ex:

Ajouter les parties de remplissage avec lesquelles on veut accompagner ces deux parties; p. ex:

(Continuer le remplissage des exemples précédens). — 3° Créer une partie supérieure (toujours avec les seules notes du ton), sans avoir égard à l'harmonie; la mélodie de cette partie doit être franche, ne point contenir de notes trop brèves, énoncer clairement la fin des phrases (cette fin peut se faire sur une note quelconque, car il y aura toujours moyen de s'arranger avec l'harmonie); si une phrase contient plusieurs membres, il faut qu'il y ait symétrie; p. ex:

Examiner quelles sont les cadences qu'on peut donner à cette partie; choisir la suite d'accords qui paraît lui convenir; indiquer ces accords; si l'on voit plusieurs versions, les indiquer également, p. ex:

Faire une basse sous cette partie, en choisissant celle des versions harmoniques qui permet le plus à cette basse de faire une mélodie franche, prise isolément, et une harmonie correcte avec la partie supérieure donnée. Si l'on trouve plusieurs basses, il faut les noter toutes, afin de choisir celle qui semble le mieux seconder le caractère de la mélodie qu'elle accompagne; p. ex:

Enfin, écrire les parties de remplissage qu'on veut ajouter; p. ex:

Avant de créer soi-même des mélodies, faire avec la partie donnée de la leçon précédente tout le travail qui vient d'être indiqué.— Voir l'appendice, p. 134, § 225 et 226.

§ 75. Style d'école. Il est plus difficile de remplir l'harmonie lorsque c'est une des parties supérieures qui est donnée que lorsque c'est la basse seulement: aussi, dans des cas embarrassans, pour conserver une marche franche dans les parties, on peut se permettre quelquefois: — 1º de faire compter une partie, si elle s'arrête franchement et si elle reprend de même; p. ex. si elle ne s'arrête pas sur l'avant dernier accord d'une phrase ou d'un membre, ni sur des notes qui demandent une suite, une résolution, comme cela a lieu souvent pour la note sensible &c. — 2º de tripler une note; — 3º de résoudre la note sensible sur une autre note que la tonique; — 4º de changer la version de la basse, ou de la faire compter en la remplaçant par une des parties supérieures; — 5º de faire, d'une phrase ou d'un membre à l'autre, une quinte ou octave cachée, mais non pas deux quintes ou octaves de suite, à moins qu'une phrase ne soit bien terminée et suivie d'un silence. Pour le reste, se conformer à tout ce qui est dit dans cet article.

c) De l'enchainement des accords dans les marches harmoniques.

§ 76. On rencontre quelquefois certaines tournures symétriques où chaque partie répète régulierement, sur différens degrés, une ou plusieurs notes. Une pareille répétition, ou transposition, se nomme *marche harmonique*, et le dessin, le petit groupe de notes, qui se répète, *modèle* de la marche; ex:

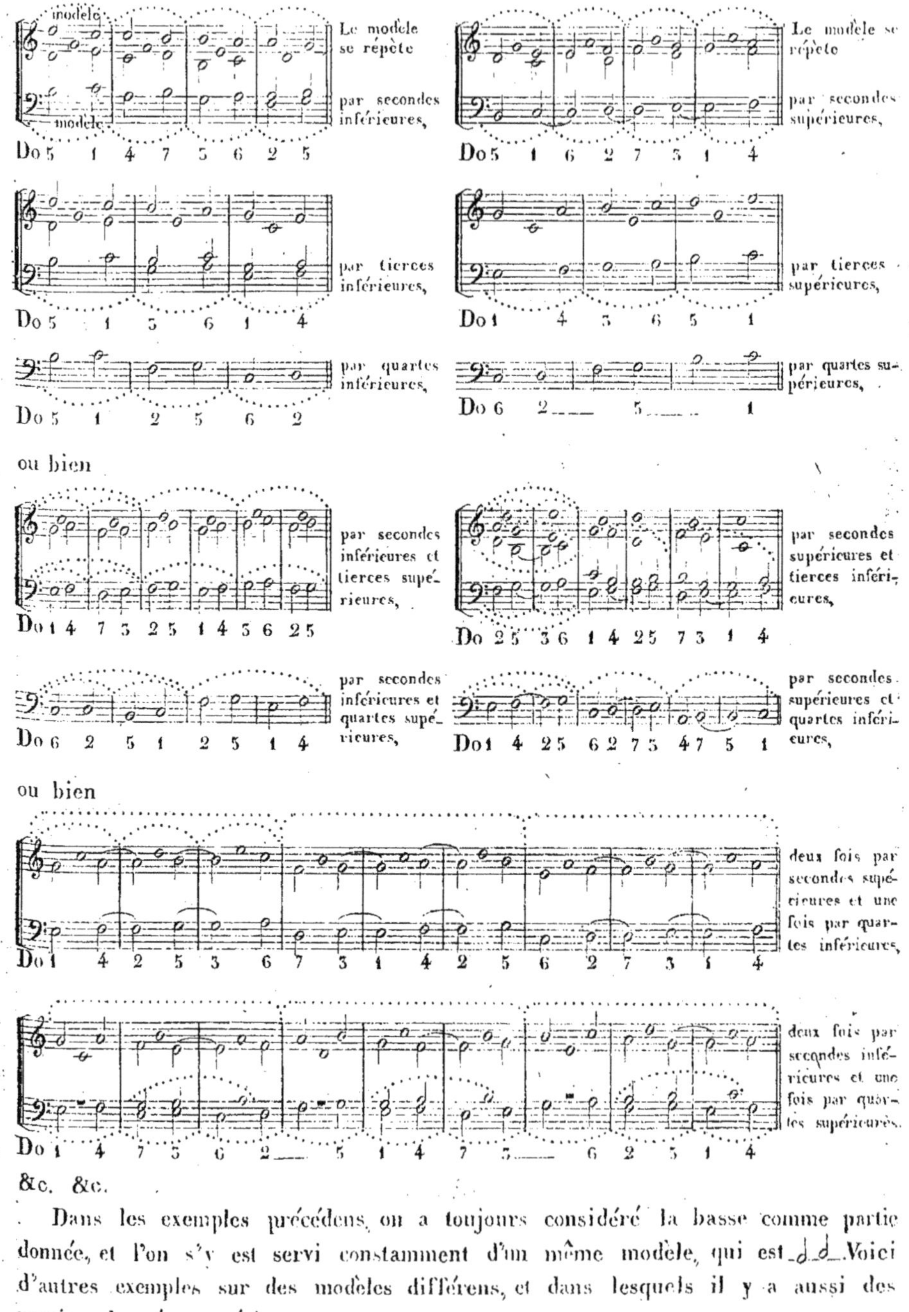

Dans les exemples précédens, on a toujours considéré la basse comme partie donnée, et l'on s'y est servi constamment d'un même modèle, qui est 𝅗𝅥 𝅗𝅥. Voici d'autres exemples sur des modèles différens, et dans lesquels il y a aussi des parties données supérieures:

§ 77. De la manière dont les compositeurs ont traité les marches harmoniques, on peut conclure:

–1º que tout dessin peut servir de modèle à une marche;

–2º que ce dessin peut se répéter à la distance de quelqu'intervalle que ce soit, v. les ex. du § précédent;

–3º que, pour le choix des accords, on construit le modèle et le passage de celui ci à sa première transposition avec les degrés et les successions les plus naturelles, tout comme s'il n'y avait point de marche (v. la tête des ex. qui précèdent); qu'on répète ensuite symétriquement sur d'autres degrés ce qu'on vient de faire, sans s'inquiéter des degrés et des successions qui en résultent; que la marche ne s'arrete ordinairement que sur un des principaux degrés (v. la fin des ex. précédens), et qu'il peut arriver par conséquent que, dans le courant de la marche, les successions qualifiées § 63 comme les moins usitées, s'emploient presqu'autant que les autres;

–4º qu'en mineur on ne peut faire de marches d'une certaine longueur à cause du 3º degré de ce mode (§ 13, vers la fin) f. 70: celles où ce degré est employé sont excessivement rares, f. 71. (On verra dans les demi modulations que, pour faire des marches en mineur, on abaisse momentanément la note sensible d'une seconde mineure).

–5º que chaque partie se réalise dans le modèle de telle façon qu'elle puisse sans inconvénient se reproduire de la même manière dans chaque transposition qui suit. Ainsi lorsqu'une partie fait la fondamentale dans le premier accord du modèle, il faut que cette même partie fasse toujours la fondamentale du premier accord de chaque transposition, et de même, si par ex. le deuxième accord du modèle est en second renversement, le deuxième accord de chaque transposition doit l'être aussi, quoique ce renversement ne soit usité, hors des marches, que pour les principaux degrés (§ 53);

— 6º qu'une répétition symétrique qui se trouve dans une partie donnée, s'accompagne en général avec une marche harmonique, mais qu'il arrive aussi quelquefois qu'on l'accompagne autrement, f. 69;

— 7º Que la marche harmonique s'emploie à volonté au commencement, à la fin ou dans le courant d'une phrase, et qu'elle forme souvent une phrase entière à elle seule, chaque répétition du modèle pouvant être envisagée comme un petit membre; v. les ex. suivans:

§ 78. Style d'école. Ne point faire en mineur de marches qui demandent le 5º degré. On peut se permettre les intervalles augmentés ou diminués provenant d'une répétition symétrique.

Travail. Réaliser les deux leçons précédentes; faire des marches à l'instar de celles § 76, avec quelques uns des dessins suivans: &c. ou avec des dessins qu'on inventera soi-même; faire des leçons entières, comme p. ex. les deux précédentes. — Voir l'appendice, p. 134, § 227.

ART. 2. DE L'ENCHAINEMENT DES ACCORDS CONSONNANS D'UNE GAMME À UNE AUTRE, ou DES MODULATIONS.

§ 79. Jusqu'à présent toutes les suites harmoniques n'ont été construites qu'avec les seules notes de la gamme dans laquelle elles ont commencé: c'est ce que l'on appelle *rester dans le ton*; mais souvent on emploie aussi d'autres gammes dans le courant d'un morceau. Les deux premières mesures de l'ex: suivant

74)

sont composées des notes sol la si do re mi fa#, et les deux autres mesures, des notes mi fa# sol la si do re#; ainsi les deux premières mesures sont dans le ton de *Sol*, et les deux autres, dans le ton de *mi*; ou bien, l'harmonie, dans cet ex., passe de *Sol* en *mi*. Le passage d'un ton à un autre, dans un même morceau, s'appelle *modulation*.

§ 80. La modulation sera appelée *entière*, quand un nouveau ton s'établit d'une manière assez complette pour effacer tout à fait la tonalité (l'impression) du ton qui a précédé. Cet effet a lieu lorsqu'on fait une cadence quelconque dans le nouveau ton (f. 74, 76 a, 77 a), ou qu'on y reste quelque tems (f. 75). On appellera *demi modulation*, celle où l'on ne touche à un autre ton que passagerement, avec un ou quelques accords seulement, et sans y faire de cadence (f. 76 b, 77 b).

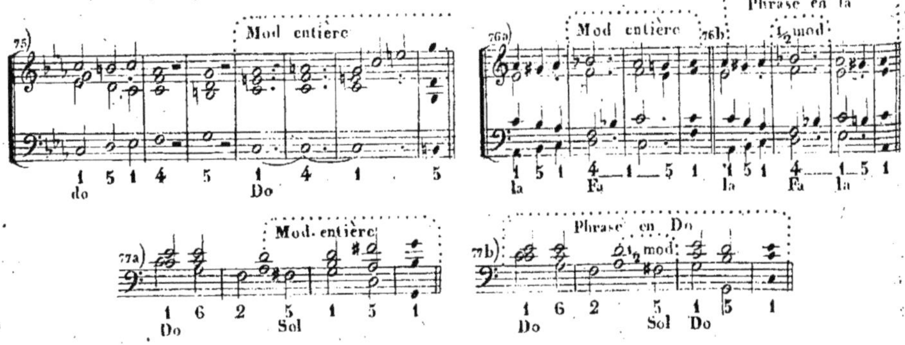

Il arrive quelquefois que la différence entre la modulation entière et la demi modulation n'est pas aussi prononcée que dans les ex. qui précédent: dans ce cas il est indifférent de les confondre, car tous les principes exposés dans cet article s'appliquent également à l'une et à l'autre, et l'on ne les a distinguées ici que pour faciliter plus tard quelques explications.

§ 81. Le ton dans lequel est conçue la première phrase d'un morceau, s'appelle *ton primitif*; les autres tons qu'on emploie dans le courant du morceau seront nommés *tons secondaires*.

§ 82. Nota. Comme on sera obligé de parler à chaque instant du ton primitif et de tel ou de tel ton secondaire, on exprimera, pour abréger,

Le ton primitif par I, s'il est majeur, et par *i*, s'il est mineur;

Le ton secondaire qui a sa tonique sur le second degré du ton primitif, par II, s'il est maj., et par *ii*, s'il est mineur;

Le ton secondaire qui a sa tonique sur le troisième degré du ton primitif, par III, s'il est maj., &c.

Les tons secondaires dont la tonique ne se trouve pas dans la gamme du ton primitif, s'expriment en barrant le chiffre par / ou par \, suivant que cette nouvelle tonique altère en montant ou en descendant l'un des degrés de la gamme primitive. Ex: lorsque *Do* est ton primitif, le ton secondaire de *La* ♭, ou de *Sol*♯, s'écrit par ~~VI~~ ou ~~V~~, et celui de *fa*♯ ou *sol*♭, par ~~*iv*~~ ou ~~*v*~~; si *la* est ton primitif, le ton de *Sol*, dont la tonique ne fait point partie de la gamme de *la*, s'écrit par ~~VII~~.

Ainsi dans cet ouvrage la fonction des chiffres arabes diffère de celle des chiffres romains, en ce que les premiers indiquent les *accords* d'une gamme et que les seconds indiquent la *gamme* même dans laquelle ces accords doivent être pris. Voici p. ex. l'harmonie des fig. 74 à 76, écrite de cette manière.

Harmonie de la f. 74) 1 4 1 5 1 4 5 1 4 5 (I ... *ii*) | — de f. 75) 1 5 1 4 5 1 4 1 5 (*i* ... I) | — f. 76) 1 5 1 4 1 5 1 (*i* ... VI) ||

§ 83. On peut renfermer tout ce qui a rapport au mécanisme des modulations, dans la réponse aux trois questions suivantes: — 1° quels sont les tons dans lesquels on passe et quel est le tems qu'on y reste? — 2° Dans quel ordre ces tons se succèdent ils? — 3° Sur l'accord de quel degré un ton se quitte-t-il et un autre s'attaque-t-il?

A) Quels sont les tons dans lesquels on passe, et quel est le tems qu'on y reste?

§ 84. — 1° Dans les morceaux du mode majeur, le ton I, c'est à dire le ton primitif, est employé plus que tous les autres; on y va le plus souvent et l'on y reste le plus longtems. De tous les tons secondaires c'est le ton V qui est le plus usité. Vient ensuite le ton *i*, puis le ton IV, et les autres dans l'ordre suivant:

I V *i* IV *vi* ~~III~~ ~~VI~~ *ii* *iii* *iv* *v* VI III ~~VII~~ II ~~*vii*~~ ~~II~~ *vii* VII ~~*iii*~~ ~~*vi*~~ ~~*i*~~ ~~V~~ ~~*iv*~~

Ainsi en prenant p. ex. *Do* pour ton primitif, le premier ton secondaire est *Sol*, le second *do*, le troisième *Fa*, le quatrième *la*, &c.

— 2° Dans un morceau dont le ton primitif est mineur, c'est le ton *i* qui est-le plus employé. De tous les tons secondaires, c'est dans le ton I qu'on reste le plus longtems; vient ensuite le ton III, puis *iv*, &c. selon l'ordre suivant:

i I III *iv* *v* V VI ~~VII~~ ~~*vii*~~ IV *iii* ~~II~~ *ii* ~~*v*~~ ~~*iii*~~ *v* *vi* ~~*vi*~~ ~~III~~ ~~V~~ ~~VI~~ II *vii* ~~V~~

Ainsi dans un morceau en *la*, le premier ton secondaire est *La*, le second *Do*, le troisième *re*, le quatrième *mi* &c. (✻)

§ 85. Les premiers tons secondaires, dans l'ordre qui vient d'être indiqué pour les deux modes, pourraient être appelés collectivement tons *rapprochés*, et les derniers, tons *éloignés*.

§ 86. Ce qui vient d'être indiqué, sur l'emploi et sur la durée des différens tons, est le terme moyen obtenu d'un grand nombre de morceaux. En prenant chacun de ces morceaux isolément, il s'en trouve qui présentent d'autres proportions; il y en a p. ex. en majeur où le ton ~~VI~~ dépasse pour le nombre de mesures le ton V; en mineur, où le ton I dépasse le ton *i*; il y en a qui passent par tous les tons secondaires, d'autres où l'on n'en voit qu'un ou deux, et d'autres enfin qui n'en contiennent aucun, étant écrits entièrement dans le ton primitif.

§ 87. Dans les morceaux du genre dit sévère, p. ex. les fugues, dans le plain-chant, dans presque toutes les compositions antérieures au 18e siècle, et dans les études des élèves de plusieurs écoles, les modulations entières se bornent, si le ton primitif est majeur, aux tons V IV *ii* *ii* *iii*, s'il est mineur, aux tons suivans III *iv* *v* VI ~~VII~~, on les a appelé *tons relatifs*. Si l'on considère la manière usuelle d'armer la clef, il y a un moyen mécanique très facile de reconnaitre les tons relatifs: ce sont tous ceux qui, à la clef, ont le même nombre d'accidents que le ton primitif, ou un seul de plus ou de moins.

(✻) Cet ordre est le résultat d'un relevé fait sur les ouvrages suivans: ***Auber***, la muette de Portici; ***Beethoven***, Sinfonie en *do*; ***Boieldieu***, la dame blanche; ***Cherubini***, 3e messe solemnelle; ***J. Haydn***, la création; ***Hummel***, concerto de piano en *la*; ***Mozart***, don Giovanni; ***A. Reicha***, op. 88. quintetto en *mi*; ***Rossini***, Guillaume Tell; ***Spontini***, la vestale; ***C. M. de Weber***, der Freyschütz. Voici le résumé de cette statistique par nombres de mesures:

Morceaux dont le ton primitif est majeur:

I	V	*i*	IV	*iv*	~~III~~	~~VI~~	*ii*	*iii*	*v*	*iv*	VI	III	~~VII~~	II	~~*vii*~~	~~II~~	*vii*	VII	~~*iii*~~	~~*vi*~~	~~*v*~~	~~V~~	~~*iv*~~	Total
15844 mes,	2659,	1260,	1089,	1075,	946,	790,	625,	392,	369,	317,	209,	171,	117,	81,	62,	61,	48,	42,	41,	37,	28,	16,	4,	24279.

Morceaux dont le ton primitif est mineur:

i	I	III	*iv*	*v*	V	VI	~~VII~~	~~*vii*~~	IV	*iii*	~~II~~	*ii*	~~*v*~~	~~*iii*~~	~~*v*~~	*vi*	~~*vi*~~	~~III~~	~~V~~	~~VI~~	II	*iii*	~~V~~	Total
2728 mes,	1322,	1058,	559,	277,	192,	191,	78,	61,	58,	57,	48,	47,	39,	38,	37,	36,	28,	21,	17,	15,	11,	12,	7,	6737.

Dans chaque morceau des ouvrages qui viennent d'être cités, on a compté le nombre de mesures occupées par le ton primitif; puis on a aditionné tous ces nombres, ce qui a produit 15844 mesures pour les morceaux du mode maj. et 2728 pour ceux du mode min. La même chose a été faite pour le ton V, et successivement pour tous les autres. Dans cette énumération, on n'a omis que les récitatifs: les compositeurs semblent n'y suivre aucun plan, et commencer, rester ou finir n'importe dans quel ton. On peut remarquer aussi que les morceaux en mineur sont en bien plus petit nombre que les morceaux en majeur.

Travail. Pour le moment il suffit de reconnaitre promptement les dix premiers tons secondaires d'un ton primitif majeur quelconque, et les sept premiers tons secondaires d'un ton primitif mineur. On peut y arriver en les écrivant souvent de la manière ci après; les autres tons secondaires s'apprendront peu à peu:

Ton primitif	Tons secondaires rapprochés.									
I	V	*I*	IV	*VI*	~~III~~	~~VI~~	*II*	*III*	*V*	*IV*
Do	Sol	do	Fa	la	Mib	Lab	re	mi	sol	fa
Mib	Sib	mib	Lab	do	Solb	DobouSi	fa	sol	sib	lab
&c.										

Ton primitif.	Tons secondaires rapprochés.						
I	I	III	*IV*	*V*	V	VI	~~VII~~
la	La	Do	re	mi	Mi	Fa	Sol
fa#	Fa#	La	si	do#	Do#	Ré	Mi
&c.							

B) DANS QUEL ORDRE LES TONS SE SUCCÈDENT ILS?

§ 88. Dans les deux ex. suivans:

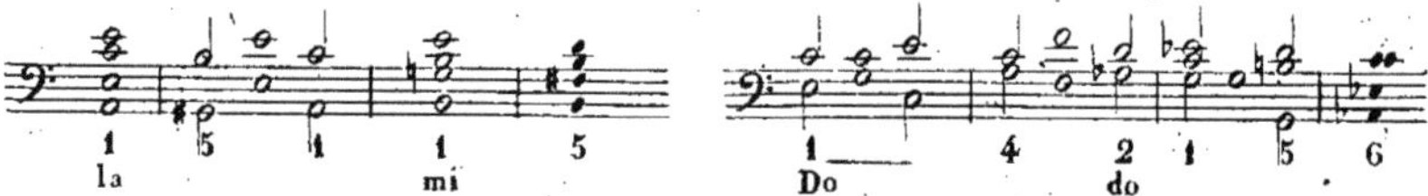

la modulation est, dans le premier, d'un ton mineur à un autre ton mineur, et les toniques de ces deux tons se trouvent à la distance de quinte juste (*la – mi*, ou *I – V*), ou bien, pour s'exprimer plus brièvement, la modulation dans cet ex. est, *de min. en min. à la quinte juste*; dans le second ex. elle est, *de maj. en min. à l'unisson* (*Do – do*, ou I *I*). En énumérant ainsi chaque version, on trouve que toutes les modulations possibles sont au nombre de quarante six dont voici le tableau:

De mineur en mineur à la	De majeur en majeur à la	De majeur en mineur à la	De mineur en majeur à la	
			3^{ce} min.	Modulations de 1er ordre.
		6te ma.	unisson	
	5te juste	unisson	6te min.	
5te juste	4te juste	3^{ce} ma.	7e min.	
4te juste	6te min.	2de ma.	5te juste	
2de ma.	3^{ce} min.	4te juste	4te juste	Mod^ons de 2e ord
7e min.	3^{ce} ma.	5te juste	2de min.	
3^{ce} min.	2de min.	7^{e} ma.	2de ma.	Modulations de 3e ordre
3^{ce} ma.	6te ma.	4te aug.	5te dim.	
6te ma.	7e ma.	2de min.	7e ma.	
6te min.	2de ma.	7e min.	6te ma.	
7e ma.	7e min.	6te min.	3^{ce} ma.	
2de min.	4te aug.	3^{ce} min.		
5te dim.				

Chaque chiffre de ce tableau représente une succession immédiate de deux gammes différentes, tant primitives que secondaires; ainsi la première modulation qui y figure à lieu lorsque, p. ex. dans un morceau en maj., on enchaine immédiatement les gammes *VI* I, ou *III* V, ou *II* IV, ou *I* ~~III~~ &c.

§ 89. Les quatorze modulations qui, dans ce tableau, ont été qualifiées de modulations de 1er ordre, sont presque les seules usitées généralement; celles du 2d ordre sont rares, et celles du 3e ordre plus rares encore. Chacune de ces modulations est en outre plus ou moins usitée suivant qu'elle se fait entre des tons rapprochés ou éloignés; p. ex. celle de maj. en maj. à la quinte juste, est ce qu'il y a de plus ordinaire, lorsqu'elle se fait entre I V, ou IV I, &c., tandis qu'elle ne se voit pas souvent entre V II, ce dernier ton étant éloigné.

§ 90. On vient de dire que les modulations de 3e ordre étaient bien rares: en effet, les compositeurs, aulieu d'enchainer immédiatement deux tons par une de ces modulations, aiment mieux employer une *suite* de modulations de 1er ordre, et même de second; par ex. au lieu d'aller directement de *la* en *re*♯, ou *mi*♭ (dernière modulation du tableau), ce qui pourtant ne serait pas impossible (v. f. 78), on passe d'abord par quelques autres tons (f. 79, 80, 81).

§ 91. La première et la derniere phrase d'un morceau sont ordinairement conçues en entier, ou pour la majeure partie, dans le ton primitif; les morceaux du mode mineur se terminent souvent aussi par le ton I (v. la leçon f. 91). Les autres phrases sont composées entièrement ou en partie dans le ton primitif, ou dans l'un ou l'autre des tons secondaires les plus usités, et ces tons se succèdent par modulations de 1er ordre, rarement de 2d ordre, &c., ainsi qu'on vient de le voir § 89. — Le changement de ton se fait à volonté au commencement, dans le courant, ou à la fin d'une phrase; il y a des phrases, ou, par le moyen des demi modulations, presque chaque accord est dans un ton different. Les exemples subséquens feront voir l'application de ce qui vient d'être dit.

Travail. L'harmoniste exercé, lorsqu'il module, ne pense guère à toutes ces classifications: un certain tact, provenant d'une grande habitude, lui indique, sans le secours du raisonnement, que tels tons s'enchainent naturellement, ou non. L'élève, ne pouvant encore avoir cette habitude, peut cependant y suppléer beaucoup en tâchant de fixer sa mémoire, si non sur la valeur de chacune des 46 modulations, du moins sur celles du 1er ordre. Un des moyens de s'y exercer pourrait être, d'écrire souvent les tons qui peuvent constituer chacune des modulations de cet ordre; p. ex.

De min. en maj. à la 3ce min. = *la–Do*, *ré–Fa*, *mi–Sol*, *do–Mi♭* &c. ou *VI* I, *II* IV &c.
" " unisson. = *la–La*, *ré–Ré*, *mi–Mi*, *do–Do* &c. ou *I* I, *II* II &c.

Mais dans ce travail il ne suffit pas de penser aux deux toniques que l'on écrit, il faut aussi se représenter leur gamme; ainsi en écrivant p. ex. *ré–Fa*, on pensera d'abord à toutes les notes du ton de *ré*, puis à toutes celles du ton de *Fa*, p. ex:

ou de toute autre manière.

§ 92. Ceux qui ne trouveront pas le moyen suivant trop compliqué, peuvent se passer du tableau p. 43, si toutefois ils se rappellent bien des tons rapprochés de chaque ton primitif; voici ce moyen: Vous voulez savoir p. ex. de quel ordre est la modulation *Fa mi*?— Supposez pour le moment que *Fa* soit I (qu'il le soit en effet ou non, selon le morceau où il est employé, cela n'influe ici en rien) et voyez quel est le chiffre que vous obtiendrez pour le ton de *mi*: la modulation sera d'autant plus usitée que ce second chiffre représentera un ton plus rapproché. Ainsi *mi* donnant *VII*, la modulation *Fa–mi* (maj.—min., 7e maj.) doit être aussi basse dans le tableau p. 43, que le chiffre *VII* est en arrière dans la classification § 84–1º Après ce ton de *mi*, de quelle valeur est celui de *Do*? en supposant *mi* à son tour comme *I*, *Do* est VI (§ 84–2º) et la modulation doit être très bonne; v. le tableau, min. — maj., 6te min.

c) Sur l'accord de quel degré un ton se quitte-t-il et un autre s'attaque-t-il?

§ 93. Dans le premier ex. du § 88, le ton de *la* finit par l'accord du 1er degré de sa gamme, et le ton suivant, celui de *mi*, commence par l'accord du 1er degré de la sienne; dans le 2d ex. du même §, le ton de *Do* se quitte sur 4 et le ton suivant s'attaque sur 2. En fesant ainsi l'énumeration de tous les cas possibles, on trouve que *chaque* modulation peut s'effectuer à cet égard de quarante neuf manières différentes. Les voici toutes avec la modulation de *Do–ré*:

En quittant la gamme de

Do sur l'accord du

§ 94. De ces 49 manières, les plus usitées sont celles où le passage se fait sur les principaux degrés des deux gammes qui s'enchainent. Ces degrés sont, comme on a vu § 61, le 1er, le 5e, le 4e &c. Les moins usités sont par conséquent celles où il se trouve un 3e ou 7e degré à la fin du ton que l'on quitte, ou au commencement de celui dans lequel on entre, ou aux deux endroits à la fois. Ainsi les mod^ons contenues dans la 3e et 7e colonne et dans la 3e et 7e accolade ci-dessus, se rencontrent rarement, et il y en a même plusieurs qui n'ont peut-être jamais été employées. En les exécutant toutes, le mauvais effet de ces dernières les décélera sans autre indication. Le tableau précédent a été fait avec une modulation de 1er ordre; toutes celles de ce même ordre présentent à peu près le même nombre de bonnes versions; celles du 2d ordre en contiennent moins, et si l'on fesait un semblable tableau avec une mod^on de 3e ordre, on trouverait, en consultant l'oreille, qu'il n'y a que fort peu de manières de l'effectuer sans dureté. Ce qu'il y a de plus délicat pour l'effet d'une modulation, semble être de bien choisir les degrés sur lesquels il convient le mieux, suivant les circonstances, d'opérer le passage d'un ton à l'autre.

Il est bien entendu qu'il n'est question ici que de la succession des deux accords qui enchainent les deux tons, et, qu'une fois entré dans un ton, l'enchainement des accords s'y fait toujours selon le § 63.

§ 95. Nota. Les chiffres arabes indiquent toujours le degré du ton dans lequel on est pour le moment, seulement il faut, chaque fois qu'on change de ton, écrire le nom de la nouvelle tonique, ainsi que cela a été fait dans tous les exemples qui précèdent.

Cependant, comme pour les demi modulations cette méthode encombre quelquefois considérablement l'écriture, on pourrait convenir, pour ces modulations, de ne point changer l'indication du ton qui prédomine dans une phrase; d'exprimer l'accord étranger tout bonnement par le chiffre du degré qu'occupe sa fondamentale dans ce ton prédominant, tout comme si cet accord en faisait partie; et, pour reconnaitre du premier coup d'oeil que cet accord n'est là qu'intercalé accidentellement dans un ton qui n'est pas le sien, il sera mis entre parenthèses de la manière suivante: si l'accord étranger est majeur, la parenthènse sera mise à droite du chiffre; s'il est mineur, à gauche; s'il est diminué, elle sera mise des deux côtés, f. 82. On trouvera, dans l'article des accords altérés, un signe pour l'accord augmenté. L'accord dont la fondamentale ne se trouve pas dans la gamme du ton prédominant, s'exprime en barrant le chiffre par / ou par \, suivant que cette fondamentale altère en montant ou en descendant l'un des degrés de la gamme prédominante, et dans ce cas on ajoute toujours la parenthèse qui indique l'espèce de l'accord, f. 83.

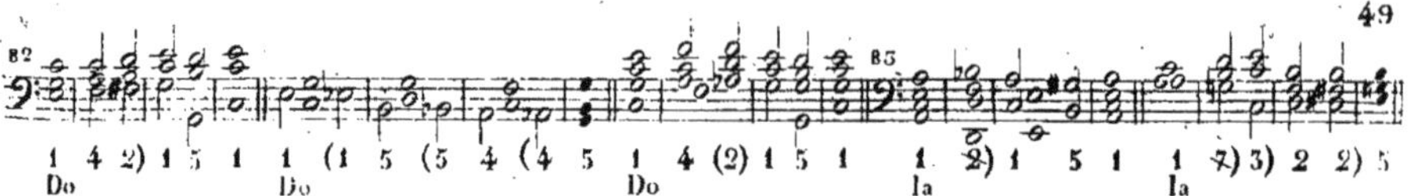

Quand la distinction entre la demi-modulation et la modulation entière est douteuse, il est indifférent d'indiquer une autre tonique, ou d'écrire avec des parenthèses; dans tous les cas, on choisit la manière qui parait être la plus simple. Voyez l'ex. suivant, où la 1re indication semble être préférable aux 2 autres:

5 1 4 7 3) 6 5 1 4 7 3) 6 2 5 1
Do Sol

5 1 4 7 3) 6 2) 5 1 (4) 7) 3 6 2) 5
Do

5 1 4 7 5 1 5 1 4 7 5 1 4 5 1
Do la Sol mi Sol

§ 96. Pour vérifier l'enchainement des accords, il est essentiel de considérer, que la méthode d'indiquer les demi-modulations par des parenthèses, n'est qu'une abréviation dans l'écriture, et qu'il faut toujours se représenter la modulation telle qu'elle devrait être écrite en toutes lettres (v. la troisième indication de l'ex. précédent). On n'envisagera donc point, dans la f. 83, les chiffres 7 et 3 comme 7me et 3me degrés de *la*, mais comme 5e et 1er de *Do*, car la véritable succession des accords y est $\frac{1}{la}$ $\frac{5}{Do}$ $\frac{1}{}$ $\frac{2}{la}$ $\frac{5}{mi}$ $\frac{5}{la}$. Comparez aussi, dans la f. 95, l'indication supérieure, avec l'inférieure.

§ 97. Réalisation. – 1° Au moment d'un changement de ton, on observe en général de faire sauter les parties le moins possible. – On fait rarement taire une partie immédiatement après l'accord qui commence un nouveau ton. – La partie dont une note vient d'être altérée en montant, demande à monter par degrés conjoints; altérée en descendant, elle demande à descendre. – Quand une modulation donne un changement chromatique d'une ou de plusieurs notes, on a soin, en général, de n'employer qu'*une* partie pour chacun de ces changemens (fig. 84, 86); lorsqu'on ne prend pas cette précaution, on fait, ce que l'on appelle, une *fausse relation* (fg. 85, 87). Dans les compositions modernes, les fausses relations ne sont pas toujours évitées. On double le moins possible les notes qui vont être changées chromatiquement, et, en général, la note sensible dans les modulations. – Une modulation qui nécessite un changement enharmonique (f. 88), se nomme modulation ou transition *enharmonique*; mais cette enharmonie ne consiste que dans l'écriture, car on ne peut compter pour rien la différence entre la♭ et sol♯, si♮ et do♭ &c., les oreilles les plus délicates ne l'apperçoivent qu'à peine, et sur tous nos instrumens à clavier elle est nulle. Il est donc indifférent d'écrire, p. ex. l'harmonie suivante $\underset{\text{Sib}}{1}$ $\underset{\text{Solb}}{2}$ 1 5 1 | de l'une ou de l'autre des différentes manières de la fig. 89. On donne la préférence à celle qui semble présenter le plus de simplicité dans l'écriture et le plus de facilité pour l'exécution.

– 2° La *position* et le *renversement* des accords sont pour beaucoup dans l'effet d'une modulation; sous ce rapport, chacune des 49 manières de faire une modulation (§ 93) peut recevoir presqu'une infinité de versions dont aucune ne peut précisement être rejetée, car telle version qui serait mauvaise dans telle phrase, peut être bonne dans telle autre. Ainsi lorsqu'une modulation ne produit pas l'effet qu'on en attendait, il faudra, avant de changer les accords, l'essayer avec d'autres positions ou renversemens. Relativement à ces derniers, il y a une version, pour annoncer le nouveau ton, qui est presque toujours d'un effet sûr, et qui pour cela a été employé partout: c'est le premier degré (du nouveau ton) en *second renversement*, pris avec une certaine importance, p. ex. sur un tems fort ou avec une grande valeur; voyez f. 88, ainsi que la plupart des ex. de cet article.

– 3° La *durée* des accords semble être assez arbitraire pour les modulations de 1er ordre, pour celles de 2d ordre on met en général plus de tems, et pour celles de 3e ordre, plus encore, afin d'éviter les duretés qui peuvent naitre, si l'oreille n'a pas le tems de bien se pénétrer de la tonalité du nouveau ton. Quelquefois aussi pour éviter la dureté d'une modulation, on emploie un silence (v. plusieurs des ex. du tableau p. 46 et 47), ou une seule note doublée à l'unisson ou à l'octave (même tableau, 3e ex. de la 5e colonne.)

§ 98. **Style d'école.** Plus un morceau sera court, moins il faudra employer de tons secondaires; mais quelle qu'en soit la longueur, on ne devra faire de phrases, si le mode est maj., que dans le ton primitif et les dix premiers tons secondaires, et s'il est min, seulement dans le ton primitif et les sept premiers tons secondaires. On ne peut toucher aux autres tons qu'en demi modulation. – Enchainer les tons le moins possible par les modulations du 2d ordre et jamais par celles du 3e ordre. – Apporter le plus grand soin au choix des degrés sur lesquels on exécute le passage d'un ton à l'autre, § 94. – Eviter les fausses relations, et observer le plus possible tout ce qui est dit pour la réalisation § 97.

Travail. – 1° Analyser les leçons fg. 90 à 95. Cette analyse peut se faire, sur le papier, avec des renvois, comme dans l'ex. suivant:

90)

(a) Mod.^{on} de 1er ordre, de maj. en maj. à la 5te juste, ou **I–V**; quitté le ton par 6, entré dans l'autre par 5;
(b) Mod.^{on} de 2^{d} ordre, de maj. en min. à la 5te juste, ou **V–*II***; quitté le ton par 1, entré dans l'autre sur 2;
(c) Mod.^{on} de 1er ordre, &c. &c.

Résumé: quatre mod. de 1er ordre, une de 2^{d} ordre; dix sept mesures dans le ton **I**, dix dans le ton **V**, quatre, dans les tons *II*, **IV** et *II*.

— 2° Réaliser les leçons 90, 91, 94, 95, 98 et 99.

— 3° Indiquer l'harmonie sous les parties données des f. 90 à 102, en cherchant plusieurs versions pour chacune des f. 99 à 102. A mesure que l'harmonie d'un ex., dont la partie donnée est supérieure, est écrite, ou conçue, on y ajoutera une *basse*, et lorsque l'harmonie et la basse de tous ces ex. auront été corrigées, ou par un professeur, ou sur les exemples du livre, on remplira le tout par quelques parties accompagnantes. Le travail du présent alinéa demande d'abord de bien examiner la partie donnée sous le rapport des phrases et des cadences (que l'on indiquera avec des lignes pointées comme dans le § 72), puis sous le rapport du ton dans lequel chaque phrase et chaque membre semblent avoir été conçus, et ce n'est qu'après cet examen que l'on choisit les accords qui paraissent s'enchainer le plus naturellement. Prenons ici pour ex. f. 102. Sous le rapport des phrases, cet ex. est insignifiant: il ne présente qu'une seule grande phrase, qui, au sol de la 7e mesure, peut, si l'on veut, se diviser en deux parties. Il n'y a donc ici de cadence forcée qu'à la fin. Le ton n'y est pas déterminé davantage: presque chaque note change de gamme; mais l'ensemble peut être conçu en *Do*, en *Sol*, en *Mi*♭ &c.; Nous allons le concevoir ici, la première moitié en *Sol*, finissant avec une cadence parfaite, et l'autre moitié en *Do*, finissant avec une cadence plagale. Cet ex. n'étant pas un morceau proprement dit, mais ayant, comme on lui suppose, quelque chose qui le précède et qui le suit, il n'est pas nécessaire qu'il commence et qu'il finisse dans le même ton et qu'il se termine par la cadence parfaite. Ainsi pour la première note nous mettrons *Sol* 1; la 2de note n'est déjà plus du ton: elle peut appartenir à 14 gammes différentes (cherchez ces gammes), mais celle qui fait ici la modulation la plus naturelle et dans laquelle ce sol♯ peut faire partie de l'accord d'un excellent degré, est celle de *la*: nous mettrons donc *la* 5. La note suivante étant du même ton ne demanderait pas mieux que d'être accompagnée par *la* 1; mais dans ce cas il n'y aurait plus, pour le la♯ qui suit, une gamme qui fasse modulation de 1er ordre avec le ton de *la*, à moins de concevoir cette note comme si♭, ce qui pourrait très bien se faire (l'élève la concevra et l'écrira ainsi, de même que d'autres notes de cet ex., dans l'une des versions différentes qu'il lui donnera); mais pour le moment nous voulons la prendre comme la♯. Revenant donc à notre note la (ayez toujours la f. 102 sous les yeux), nous lui donnons *Sol* 5, ce qui nous permet de continuer par *Si* 5, et ainsi de suite, p. ex. .... 1 5 5 5 1 2 5 1 5 1 1 4 5 1&c.
Sol la Sol si Sol Ré mi Do Sol.

ou bien avec des abréviations dans l'écriture, (§ 95.. Sol 1 6) 5 7) 1 2 2) 5 3) 6 4 4) 5 1&c.

Voici maintenant l'une des basses que l'on peut y ajouter: ....

Ce qui précède doit suffire pour démontrer la marche à suivre dans ce genre de travail.

— 4°. Inventer quelques parties supérieures et quelques parties de basse, dans le genre de celles de cet article; bien entendu que, maintenant, on peut y employer à volonté toutes les notes, pourvu qu'elles constituent toujours une mélodie franche. Accompagner ces parties comme il est dit dans l'alinéa précédent. — Voir l'appendice p. 134, § 225 à 227; et, pour ceux qui travaillent la basse chiffrée, § 234

91)

Partie donnée

fa Do fa Fa

§ 45.

92)

Partie donnée

Si Fa♯

§ 45.

93)Partie donnée
94)
95)
Partie donnée
Mi♭
Si♭
La♭
Sol
Fa

Il n'est pas probable que la matière importante, mais difficile, de cet article, soit bien comprise au premier abord; il faudra donc le recommencer autant de fois qu'il sera nécessaire pour écarter toute incertitude dans la conception et l'exécution de tout ce qui y est dit.

Supplément au chapitre précédent.

Quelques observations sur la tonalité des accords consonnans.

(Ce supplément peut être passé.)

§ 99. On entend ici par *tonalité* d'un accord, l'impression qu'il produit et qui le fait rapporter à telle ou telle gamme.

§ 100. On a sans doute déjà remarqué, qu'un accord majeur quelconque peut appartenir à cinq tons différens: par ex. l'accord de $\begin{smallmatrix}\text{sol}\\ \text{mi}\\ \text{do}\end{smallmatrix}$ peut être *Do* 1, *Fa* 5, *la* 5, *Sol* 4 ou *mi* 6; qu'un accord mineur peut également se trouver dans cinq gammes différentes, &c. — Cette observation amène la question suivante:

Dans quelle circonstance un accord donné fait il l'effet d'appartenir à telle gamme, sur tel degré?

Cette question est semblable à celle-ci: puisque dans une langue il y a des mots qui ont plusieurs significations, dans quelle circonstance tel mot est-il pris dans telle acception? Dans le discours c'est le bon sens qui décide, et dans la musique, c'est le sentiment harmonique. Voici néanmoins sur ce sujet quelques réflexions qui peuvent servir de point de départ à ceux qui ont le loisir de s'en occuper.

§ 101. Notre oreille, ainsi que tous nos autres sens, transforme en habitude les impressions qu'elle a reçues le plus souvent, et c'est d'après ces habitudes, c'est à dire d'après ce qu'elle connait le mieux, qu'elle aime à s'expliquer tout ce qui se présente à elle.

L'application de ce principe, à l'objet dont il est ici question, peut s'exprimer mathématiquement:

§ 102. En fesant la statistique de toute la musique qui a été *entendue* depuis un demi siècle environ, on trouvera:

— 1° que l'accord du premier degré a été entendu plus fréquemment que les autres, puis l'accord du 5e degré &c. voyez § 61; qu'il y a plus de morceaux en majeur qu'en mineur, et que, par conséquent, le 1er degré du mode majeur a été entendu plus souvent que le 1er degré du mode mineur, le 5e en majeur plus souvent que le 5e en mineur, &c., en sorte que l'ordre de leur fréquence est le suivant:

Mode majeur	1		5		4		2		6		3		7		
Mode mineur		1		5		4		2		6			7	3

— 2° que, dans la même gamme, les accords ont été enchainés plus souvent par successions de quarte supérieure que par quinte et sixte supérieures, plus souvent par seconde supérieure que par septième et tierce supérieures (§ 62, 63);

– 3° que d'un ton quelconque, en le considérant comme primitif, on a modulé plus souvent dans les tons secondaires rapprochés que dans ceux qui sont éloignés, et qu'il y a eu plus de modulations du premier ordre que du second, &c. (§ 84, 88, 89)

Cet examen pourrait s'étendre encore sur beaucoup d'autres points non moins importans, mais pour le but qu'on se propose ici, les trois précédens suffisent.

§ 103. En conséquence de l'habitude que l'oreille a prise d'entendre plus souvent un degré que l'autre, une succession que l'autre, une modulation que l'autre, on pourrait poser, en général, les trois règles suivantes:

Première règle. Tout son ou accord, pris isolément, ou commençant une phrase après un certain repos, est classé par l'oreille le plus haut qu'elle peut dans l'ordre de sa fréquence; c'est à dire que l'oreille le prend pour 1er degré d'un mode majeur, à moins que quelque chose ne s'y oppose, que l'accord ne soit de nature à ne pas pouvoir se trouver sur ce degré; alors elle le prend pour 1er degré du mode mineur, et si cela ne se peut pas encore, elle le prend pour 5 en majeur, et ainsi de suite. Ex:

Ces deux notes peuvent faire partie des accords suivans: *Do* 1, *Fa* 5, *la* 5 *Sol* 4, *mi* 6, *la* 1, *mi* 4, *Do* 6, *Sol* 2, *Fa* 3, *la* 3, *fa* 3, et *do*♯ 3 (en regardant la note do comme si♯); mais comme l'oreille desire avant tout se les expliquer comme accord du 1er degré d'un ton maj. et qu'il n'y a, comme on vient de voir, de tous les tons maj. que celui de *Do* ou elles entrent dans l'accord du 1er degré, elles font l'effet, prises isolément, de *Do* 1, et non de *Fa* 5 &c.

A l'entrée du mi de la première mesure, l'oreille se trompe, car elle prend cette note, puisque rien ne s'y oppose, pour *Mi* 1, et ne reconnait son erreur qu'à l'arrivée des autres notes; à la seconde audition elle ne voit plus dans ce mi que la tierce de *Do* 1.

Ne trouvant pas cet accord sur 1 d'une gamme majeure, l'oreille fait un pas de plus, le prend pour la 1 et reçoit avec lui l'impression de toutes les notes de cette gamme, ce qui aurait lieu lors même qu'une phrase dans un autre ton viendrait de se terminer.

Cet accord ne peut se trouver ni sur 1 en maj., ni sur 1 en min., ni sur 5 en maj., ni sur 5 en min., ni sur 2 en maj., mais bien sur 2 en min. Son effet est par conséquent *la* 2 et non *Do* 7, ni *do* 7. On verra dans les accords dissonnans, que ces trois notes peuvent aussi faire partie d'un accord du 5e degré, et qu'en raison de la supériorité de ce degré, l'oreille préfère, tant qu'il est frappé isolément, le prendre dans cette dernière acception.

Seconde règle. Tout son ou accord qui n'est pas le premier d'une phrase, fait l'effet d'appartenir à l'accord qui le précède, et si cela ne se peut, à l'accord qui forme avec le précédent la succession la plus usitée. Ex:

D'après la 1re règle ci-dessus, les notes de la première mesure se font sentir ici comme *Do* 1; celles de la seconde mesure pouvant faire partie de l'accord qui les précède, font également l'effet de *Do* 1, et non de *Do* 3 &c.

La première note de cet exemple s'annonce comme fesant partie de *Do* 1; le ré qui suit ne peut pas appartenir à ce même accord; de tous les accords dont ce ré peut faire partie, c'est celui de *Do* 5 qui fait, avec l'accord précédent, la succession la plus usitée; ainsi:

Do 1 5. Non que les deux notes de cet exemple ne puissent être accompagnées autrement, mais l'effet le plus naturel, tant que rien ne s'y oppose, est celui qui vient d'être indiqué.

Do 1 4 — 1 — La tonalité, écrite au-dessous de cet exemple, s'explique d'après les remarques précédentes.

Troisième règle. Tout son ou accord qui n'est pas le premier d'une phrase, fait l'effet d'appartenir au ton prononcé immédiatement avant; si cela ne se peut pas, à un autre ton qui fait, avec le précédent, la modulation la plus usitée; Exemples:

Le second accord de cet exemple, pouvant appartenir à la gamme de celui qui le précède, fait ici l'effet de *la* 5. Mais remarquez le penchant de l'oreille pour le 1er degré: malgré que cet accord s'annonce ici distinctement comme dominante de *la*, on n'a qu'à le tenir longtems et on verra comment peu à peu sa couleur de dominante se changera en celle de tonique *Mi*. Cette remarque explique en partie pourquoi on emploie de préférence des valeurs longues pour moduler dans les tons éloignés.

L'accord de *la* peut appartenir à la gamme de l'accord qui précède; son effet est donc ici *Do* 6 et non *la* 1, ce qu'il finirait cependant par devenir si on le tenait trop longtems.

Ici le second accord ne fait point partie de la gamme annoncée par le premier. En considérant le ton de *Do* comme I, l'accord de *ré* se trouve dans les tons *iv*, VI, *v*, II et V. De tous ces tons le plus près est V (§ 84), ainsi l'effet du présent ex. est: *Do* 1 *Sol* 5.

A la première audition ces accords s'annoncent ainsi: *Do* 1 *Fa* 4 *ré* 5; à la seconde audition, l'oreille sachant d'avance ce qui va suivre, prend tout de suite l'accord de si♭ comme *ré* 6, ce qui donne *Do* 1 *ré* 6 5. De même, dans tous les exemples p. 46 et 47, où le si♭ est introduit avant le do♯, il y a, à la première audition, une impression passagère de *Fa*, le ton IV étant plus près que celui de *II*.

Le second accord de cet exemple peut appartenir à la gamme annoncée par l'accord qui précède, et d'après tout ce qui vient d'être dit, la tonalité devrait être Do 1-5. Pourtant il n'en est point ainsi, et voici pourquoi: l'entrée dans un nouveau ton a été faite si souvent par le second renversement du 1er degré (§ 97.-2°), qu'habituée à cette formule, l'oreille prend le change et regarde ici cet accord comme Sol 1, et non comme Do 5, à moins qu'à la seconde audition elle ne sache d'avance que la suite ne confirmera pas cette modulation.

Les trois règles qui viennent d'être exposées ne doivent cependant pas être envisagées comme infaillibles: il y a encore beaucoup de circonstances qui peuvent contribuer à changer la tonalité d'un accord; telles sont: la position et le renversement des accords, certaines formules trop usitées (comme on vient de voir par le dernier exemple), la nature et l'ensemble de la phrase, les notes accidentelles, &c. D'un autre côté ces règles ne seront vraies qu'autant que la pluralité des compositeurs emploient les degrés, les successions et les modulations selon l'ordre ci-dessus indiqué; dans le cas contraire, l'habitude de l'oreille changera et les règles auront besoin de modifications.

§ 104. L'avantage ou, si l'on veut, l'inconvénient qu'il y a à ce que telle ou telle réunion de sons puisse s'expliquer de plusieurs manières, et qu'elle produit, selon les circonstances, des effets différens, a donné lieu à beaucoup de contradictions et de divisions entre la plupart des théoriciens.

CHAPITRE IV.

DES ACCORDS DISSONNANS.

§ 105. On a vu § 9 a 11 que, dans cet ouvrage, on entend par accords dissonnans, les accords de quatre notes, ceux de cinq et les accords altérés.

ART. 1. DES ACCORDS DE QUATRE NOTES. (accords de septième).

§ 106. Un accord de quatre notes se compose d'un accord consonnant quelconque, auquel est ajouté une quatrième note qui, lorsque l'accord est dans l'état direct, se trouve à distance de septième de la fondamentale (§ 7). Ces accords se nomment accords de septième. Voici les différentes espèces d'accords de septième que l'on trouve dans l'un et dans l'autre mode (§ 10):

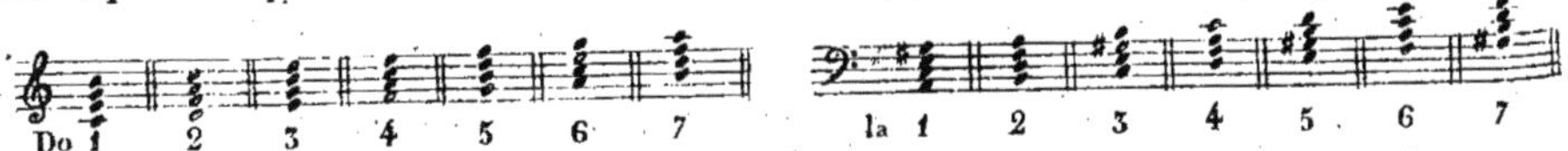

Conformement à l'usage qui en a été fait, ces espèces seront classées ainsi qu'il suit:

1re espèce (septième de dominante), accord *majeur* avec septième *mineure*;
cet accord ne se trouve, comme on peut le voir dans les deux ex. précédens, que sur le 5e degré, la dominante, des deux modes.

2e espèce, accord *mineur* avec septième mineure;
se trouve, en majeur, sur le 2e, 3e et 6e degré, – en mineur, sur le 4e

3e espèce, accord *diminué* avec septième mineure;
se trouve, en majeur, sur le 7e degré, – en mineur, sur le 2e

4e espèce, accord *majeur* avec septième *majeure*;
se trouve, en majeur, sur le 1er et 4e degré, – en mineur, sur le 6e

5e espèce, accord diminué avec septième diminuée;
ne se trouve qu'en mineur, sur le 7e degré.

6e espèce, accord augmenté avec septième majeure;
ne se trouve qu'en mineur, sur le 3e degré.

7e espèce, accord mineur avec septième majeure;
ne se trouve qu'en mineur sur le 1er degré.

§ 107. L'accord de septième de 1re espèce a été plus fréquemment employé que celui de 2e espèce, et ainsi de suite. Ceux des trois dernières espèces ne se traitent pas d'après les mêmes principes que les autres; pour cette raison ils ne seront point considérés dans cet ouvrage comme de véritables accords de septième. On trouvera une réunion de notes semblables à celui de 5e espèce, dans les accords de neuvième, une semblable à celui de 6e espèce dans les accords altérés, et une semblable à celui de 7e espèce, dans les chapitres des notes accidentelles. Il ne sera donc question, dans cet article que de ceux des quatre premières espèces, et ils seront examinés dans l'ordre des degrés de la gamme sur lesquels leur emploi est le plus fréquent.

§ 108. Ecriture de l'harmonie. L'accord consonnant qui sert de bâse à un accord de septième, sera toujours exprimé par le chiffre du degré où se trouve la fondamentale, ainsi qu'il a été dit § 14, et la septième, par un point, si elle est mineure, et par un accent, si elle est majeure, f. 103. Dans les demi modulations, le chiffre reçoit, comme de coutume, la parenthèse que peuvent nécessiter les trois notes qu'il représente; mais il reste ici bien convenu que le point exprimera dans toutes les circonstances une septième mineure et l'accent, une septième majeure, f. 104.

A) De l'accord de septième qui se trouve sur le 5e degré des deux modes (Septième de 1re espèce, ou septième de dominante).

§ 109. De tous les accords appelés dissonnans, c'est celui-ci qui se rencontre le plus; il y a même des compositeurs qui n'en ont jamais employé d'autres. Il a lieu partout et principalement comme avant dernier accord de la cadence parfaite (Do 5 1 ou la 5 1). On s'en sert souvent pour attaquer un nouveau ton, tant pour les demi-modulations que pour les modulations entières.

§ 110. Ce serait ici le lieu d'examiner la *réalisation* et l'*enchainement* de cet accord, mais comme tous les accords dissonnans ont été traités à peu près d'après les mêmes principes, on a réuni dans le chap. V tout ce qui a semblé leur être commun sous ce rapport. Ainsi, avant d'aller plus loin, il faut consulter ce chapitre (p. 73) et appliquer ce qui y est dit à l'accord dont il est ici question. On reviendra ensuite à l'analyse des ex. suivans:

Résolution de 1er ordre.

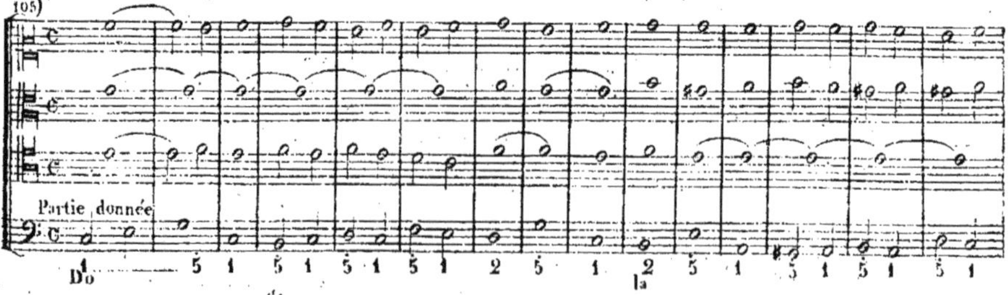

La leçon précédente, a trois parties, et avec retranchement de quelques fondamentales:

Les résolutions de second ordre de cet accord s'emploient fréquemment; les suivantes sont au nombre des plus usitées:

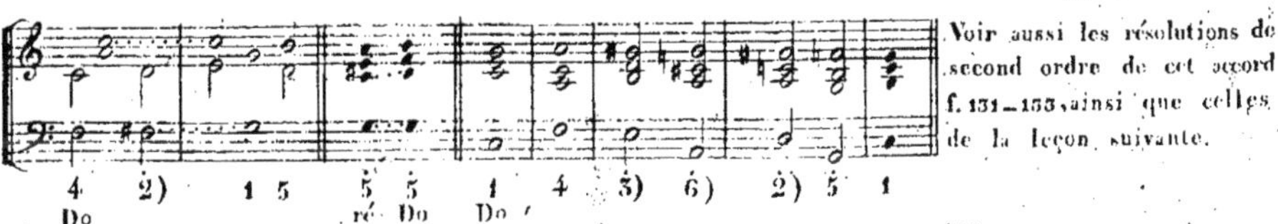

Voir aussi les résolutions de second ordre de cet accord f. 131–133, ainsi que celles de la leçon suivante.

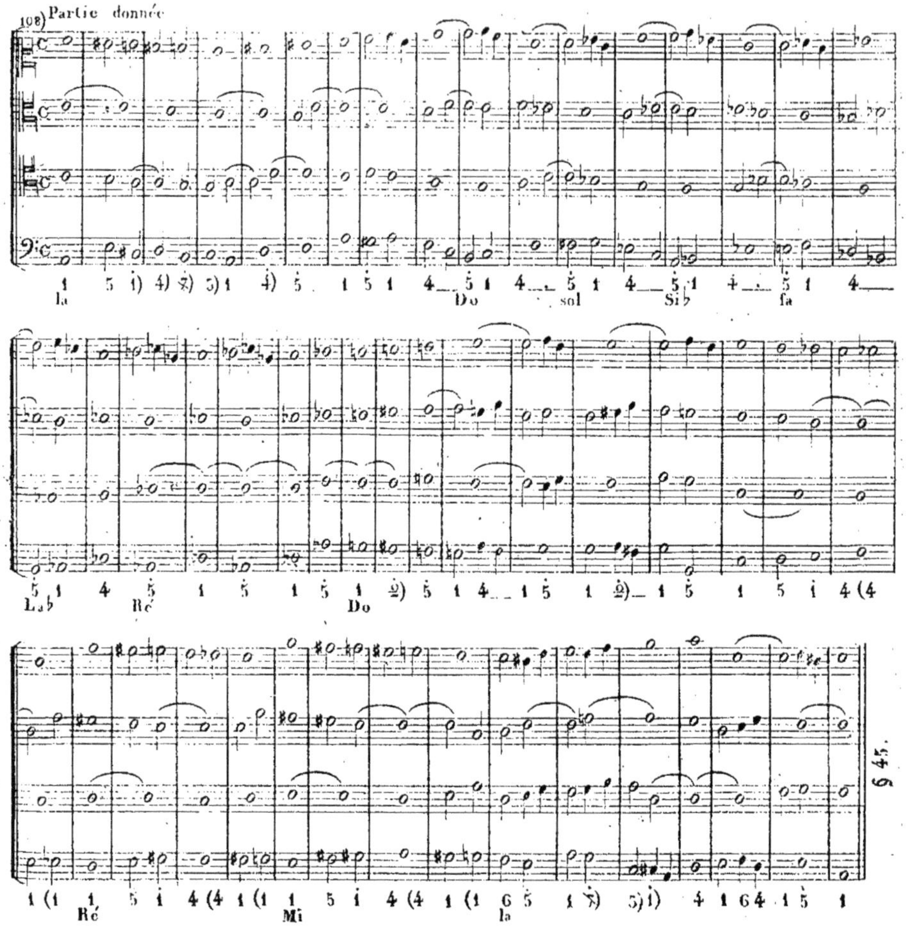
108) Partie donnée
La
Do
sol
Sib
fa
Lab
Ré
Do
Ré
Mi
la
§ 45.

Voici quelques unes des résolutions de troisième ordre, qui se rencontrent quelquefois:

J. Haydn.
§ 97.

Voir aussi les résolutions de 5e ordre de cet accord § 135 à la fin.

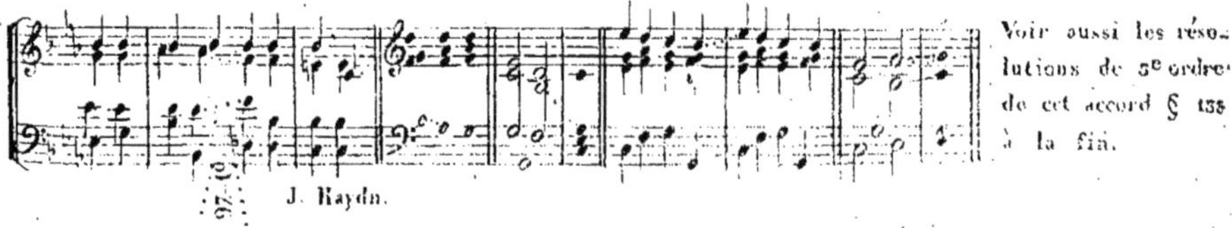

Le dernier des exemples qui précèdent est assez usité, malgré la quinte cachée qui s'y trouve.

Style d'école. Voir § 141.

Travail. Indiquer les demi-modulations de la leçon 108 des deux manières employées dans la leçon 107. Réaliser les leçons 103 à 108; chiffrer ces mêmes leçons; en faire d'autres. Voir l'appendice § 228 pour ce qui regarde la septième dominante.

B) De l'accord de septième sur le 2d degré des deux modes.

(Sur le 2d degré en majeur: septième de deuxième espèce.
Sur le 2d degré en mineur: septième de troisième espèce.)

§ 111. Après l'accord de septième de dominante, c'est celui du second degré des deux modes dont on a fait le plus d'usage. On s'en sert principalement avant la cadence parfaite ou la demi-cadence, p. ex. f. 109. Rarement on attaque un nouveau ton avec la septième de seconde espèce (2d degré du mode majeur), mais on l'attaque assez souvent avec celle de troisième espèce (2d degré en mineur) surtout pour des demi-modulations, p. ex. fig. 110.

§ 112. Pour l'enchainement et la réalisation, v. § 110 et chapitre V, puis les ex. suivans:

Résolution de 1er ordre.

Les résolutions de second ordre s'emploient assez fréquemment; les suivantes sont au nombre des plus usitées.

Quant aux résolutions de troisième ordre, voici la seule qu'on ait remarqué:

Style d'école. Voir § 141.

Travail. Chiffrer et réaliser les leçons f. 111 à 113; en faire d'autres. — Voir l'appendice § 228, pour ce qui concerne ces accords.

c) Des accords de septième sur les degrés autres que le 5e et le 2e des deux modes. (Septième de 2e, de 3e et de 4e espèce).

§ 113. L'accord de septième de quatrième espèce, ainsi que ceux de deuxième et de troisième espèce, lorsque ces derniers sont pris sur d'autres degrés que le second, ne s'emploient en général que dans des marches harmoniques, f. 114. Il est rare qu'on attaque un nouveau ton avec ces accords.

§ 114. Pour l'enchainement et la réalisation, voir chap. V. — Se rappeler surtout la préparation dont on ne se passe jamais dans ces accords. Ex:

Les résolutions de second ordre de ces accords sont très rares; il y en a deux, leçon 116, mesure 30 à 35; on n'en a point remarqué de troisième ordre.

Style d'école. Voir § 141.

Travail. Indiquer les demi modulations des leçons précédentes des deux manières employées dans les § 95, 107, &c. Réaliser tous les ex. de cet article; chiffrer ces mêmes exemples; en faire d'autres. — Voir l'appendice § 228 et, pour la basse chiffrée, § 235.

ART. 2 DES ACCORDS DE CINQ NOTES.
(accords de neuvième).

§ 115. Un accord de cinq notes se compose d'un accord de septième auquel est ajoutée une cinquième note qui, lorsque l'accord est dans l'état direct, se trouve à distance de neuvième de la fondamentale (§ 7). Ces accords se nomment accords de neuvième. Le cinquième degré des deux modes est le seul sur lequel on ait employé un accord de neuvième: ainsi il n'y a que deux espèces de ces accords; savoir:

1re espèce (accord de neuvième majeure), septième de dominante avec neuvième majeure; ne se trouve que sur le 5e degré en majeur;

2e espèce (accord de neuvième mineure), septième de dominante avec neuvième mineure; ne se trouve que sur le 5e degré en mineur.

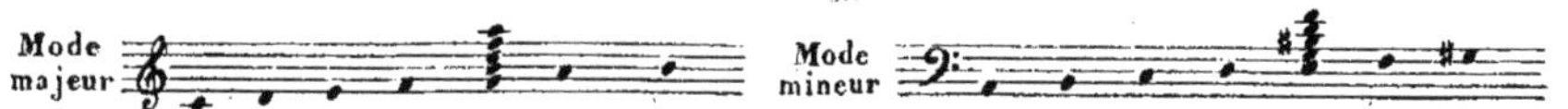

§ 116. Ecriture de l'harmonie. La cinquième note de ces accords, la neuvième, sera exprimée par v, lorsqu'elle est majeure, et par ^, lorsqu'elle est mineure, f. 118. Quant au point qui indique la septième, on peut l'omettre, vû que l'on sait d'avance que, dans ces accords, cet intervalle est toujours mineur, f. 119.

A) DE LA NEUVIÈME MAJEURE.

§ 117. L'emploi de cet accord n'est pas bien fréquent, surtout quand la fondamentale n'en est pas retranchée; rarement on s'en sert pour attaquer un nouveau ton.

§ 118. Pour l'enchainement et la réalisation, voir le chap. V, à quoi il faut encore ajouter: – 1° que la cinquième note, la neuvième, est généralement placée plus haut que la tierce et la fondamentale, et même qu'elle est plus haute aumoins d'une neuvième à l'égard de cette dernière: ainsi la tierce et la fondamentale ne se trouvent jamais dans la partie la plus haute, et la neuvième n'est jamais à la basse, en sorte que le quatrième renversement de cet accord n'est pas usité. – 2° que la fondamentale ne se conserve en général que lorsque l'accord est dans l'état direct, car dans les renversemens elle est le plus souvent supprimée. Ex:

Résolution de premier ordre.

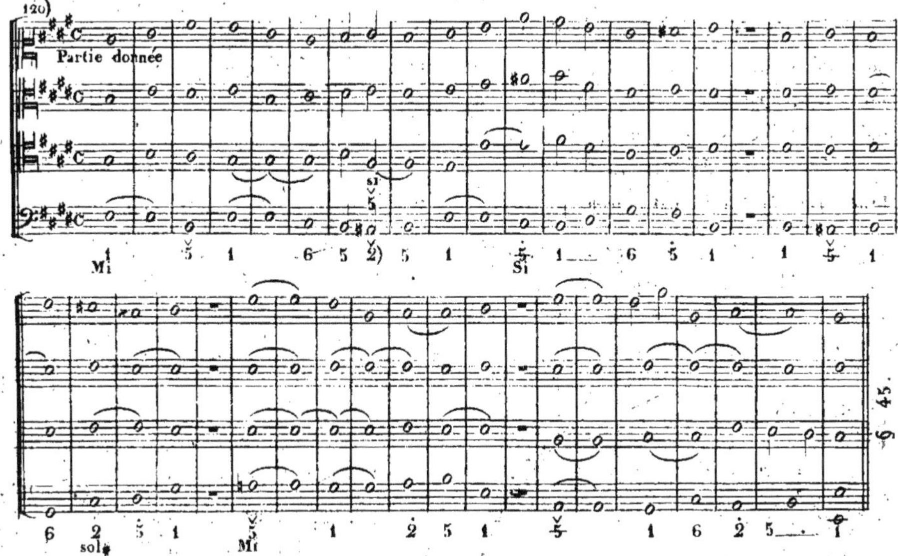

Les résolutions de second ordre sont assez rares, surtout lorsque la fond^le^ n'est pas supprimée; en voici quelques unes de celles qu'on rencontre quelquefois:

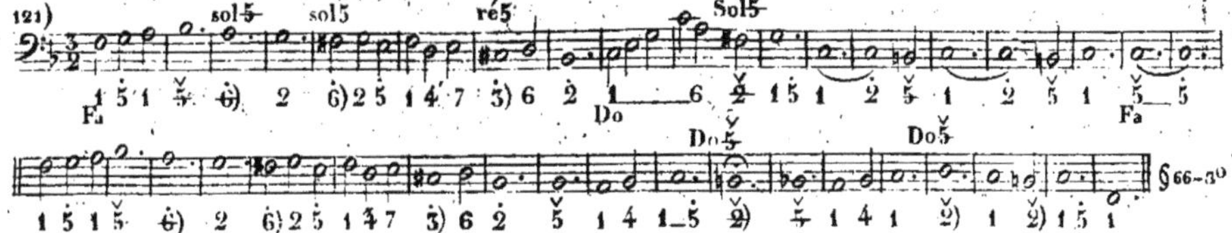

On n'a point remarqué de résolutions de troisième ordre assez importantes pour être citées.

Style d'école. Mettre toujours la fond^le^ et la tierce plus bas que la neuvième, ainsi qu'il est dit § 118, — v. § 141.

Travail. Réaliser et chiffrer les deux leçons précédentes; en faire d'autres; voir l'appendice § 229.

B) De la neuvième mineure.

§ 119. Cet accord ne s'emploie pas souvent avec sa fond^le^; sans elle il est connu sous le nom d'accord de *septième diminuée* (§ 107, septième de 5me espèce), et on le rencontre si fréquemment, surtout chez les compositeurs d'un ordre inférieur, que son emploi dans les derniers tems peut être qualifié souvent d'abus. Il sert principalement pour attaquer un nouveau ton dans tous les genres de modulations.

§ 120. Pour l'enchainement et la réalisation, voir le chap. V, a quoi il faut ajouter, que la neuvième, ainsi que dans l'accord précédent, se trouve toujours au moins une neuvième plus haut que la fondamentale, mais que la tierce se met indifféremment audessus ou audessous, ce qui permet, quand la fond[le] est otée, de faire usage du quatrième renversement.

Résolutions de premier et de second ordre. Ces dernières sont très rares tant que la fond[le] est conservée, et très usitées, quand elle est retranchée.

Voici quelques résolutions de troisième ordre qui, également, ne sont usitées qu'en l'absence de la fondamentale:

§ 121. Que si, dans l'analyse des ex. précédens, on trouve qu'il y a beaucoup de modulations d'ordre inférieur, on se rappellera qu'il a été dit § 133 – 1°, que l'enchainement des accords ne se vérifie que sur la suite des accords consonnans. Ainsi toute modulation qui ne provient que de l'addition des dissonnances, peut être comptée parmi celles de 1er ordre; ex.

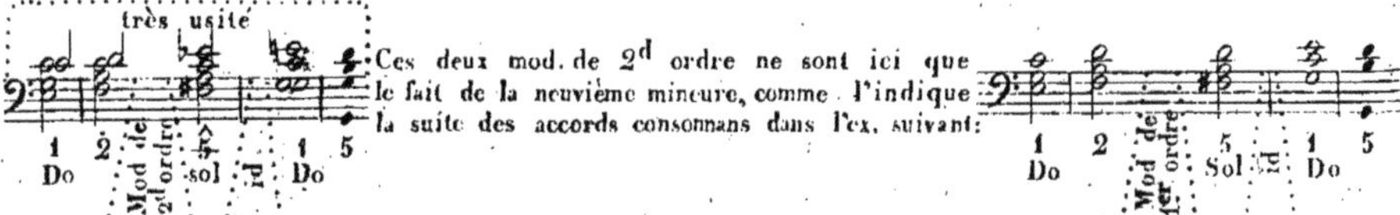

Style d'école. Ne conserver la fondle de cet accord que lorsqu'il n'est pas renversé. Voir § 141. Travail. Chiffrer et réaliser les deux leçons précédentes; en faire d'autres; voir l'appendice § 229 et, pour la basse chiffrée, § 236.

§ 122. Les réunions de notes qui ont été examinées jusqu'ici, sont les seules qui seront considérées comme *accords* dans cet ouvrage: ainsi tous les accords se réduisent à trois accords de trois notes, quatre de quatre notes et deux de cinq notes. Les autres réunions de notes que l'on rencontre encore, ont lieu, lorsqu'un de ces accords est altéré, ou lorsque d'autres notes qui n'en font point partie, viennent s'y mêler accidentellement.

ART. 3. DES ACCORDS ALTÉRÉS.

§ 123. Quelquefois on altère en montant ou en descendant, la quinte d'un accord de trois, de quatre ou de cinq notes; ex:

Cette altération n'a lieu que dans les accords qui ont la *tierce majeure:* ainsi l'on entend ici par *accords altérés,* tous ceux dont la tierce est majeure et la quinte diminuée ou augmentée.

§ 124. Ecriture de l'harmonie. L'altération en montant sera indiquée par +, placé devant le chiffre, et celle en descendant par o.

A) De l'altération en descendant.

§ 125. Les accords dont la quinte est altérée en descendant se désignent par leur dénomination primitive à laquelle on ajoute: *avec quinte diminuée,* comme p. ex. accord majeur avec quinte diminuée, septième dominante avec quinte diminuée, &c. Voici le tableau de tous ces accords:

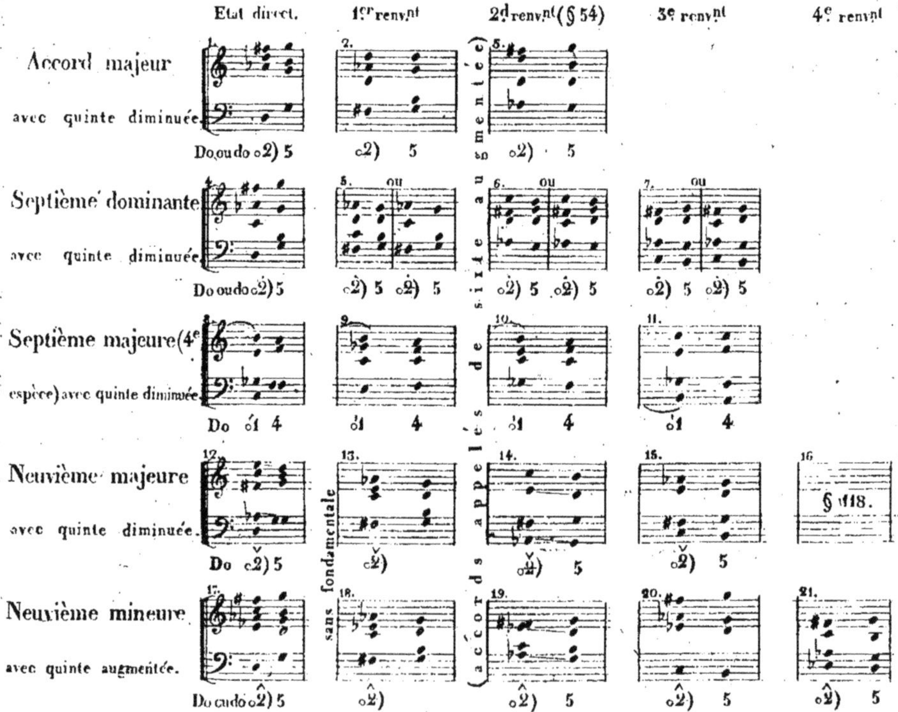

§ 126. Jusqu'aujourd'hui l'altération en descendant n'a été employée, presqu'exclusivement, qu'en demi-modulations dans les accords ∘2) ∘2̇) ∘2̇) ∘2̂) des deux modes, et le plus souvent en second renversement, rarement en premier et troisième renversement, et presque jamais dans l'état direct. Ainsi ce sont les nos 3, 6, 10 et 19 du tableau ci-dessus qui sont les plus usités; on les appelle ordinairement *accords* de *sixte augmentée*, puisque dans ce second renversement une des parties supérieures fait l'intervalle de sixte augmentée avec la basse.

§ 127. Réalisation et enchainement. Les deux quintes dans les nos 14 et 19, provenant de la résolution de la neuvième et de la note altérée, et que l'on rencontre quelquefois, ne sont pas sensibles si elles ne se font pas entre les deux parties extrêmes. — Chaque changement chromatique se fait par une seule partie § 97-1° — Dans le tableau précédent, chaque accord altéré est suivi de sa résolution de 1er ordre, celles de 2d ordre sont assez usitées, les f. 124 et 125 contiennent quelques unes des plus connues; et f. 126 fait voir quelques résolutions de 3e ordre. — Pour le reste voir le chap. V.

Style d'école. N'employer que les accords des Nos 3, 6, 10 et 19 du tableau ci-dessus; ne point faire les deux quintes citées § 127, voir § 141.

Travail. Chiffrer et réaliser la leçon précédente; en faire d'autres; voir l'appendice § 250.

B) De l'altération en montant.

§ 128. Les accords dont la quinte est altérée en montant se désignent par leur dénomination primitive en y ajoutant, *avec quinte augmentée*, comme p. ex. accord majeur avec quinte augmentée, septième dominante avec quinte augmentée, &c. Voici le tableau de tous ces accords:

§ 129. Cette altération s'emploie moins que la précédente; ordinairement elle n'a lieu que dans les accords du 1er et du 5e degré du mode majeur, et seulement avec les nos 1 à 5 ci-dessus. On s'en sert indifféremment dans le même ton ou pour en attaquer un autre.

L'accord de trois notes qui se trouve sur le 3e degré en mineur (§ 15.), est semblable à celui des nos 1 à 5; il se traite comme ces derniers, c'est à dire en accord altéré quoique n'en étant pas un dans ce mode; f. 71 p. 38. L'accord de quatre notes qui se trouve également sur le 3e degré en mineur (septième de 6e espèce, § 107), pourrait se traiter comme celui des nos 8 à 11 (f. 129), mais on n'en à peut être jamais fait usage dans ce mode.

§ 130. Enchainement et réalisation. Les accords altérés en montant sont tous plus ou moins durs: on les adoucit ordinairement en les frappant immédiatement auparavant sans altération, comme cela à été fait dans le tableau précédent. On évite autant que possible de disposer les parties de manière à ce qu'elles forment tierce diminuée (p. ex. No 6 ci-dessus, la seconde partie avec la basse), l'intervalle de sixte augmentée étant préférables (No 5.) Dans le tableau précédent, chaque accord altéré est suivi de sa résolution de 1er ordre; celles de 2d ordre ne sont pas bien nombreuses, les f. 127 et 128 les contiennent à peu près toutes; quant à celles de 3e ordre, on n'en à point encore observé. Pour le reste, voir le chap. V.

Style d'école. N'employer que les Nos 1 à 5 du tableau précédent; éviter qu'il y ait tierce diminuée. Voir § 141.

Travail. Chiffrer et réaliser la leçon précédente; en faire d'autres; voir l'appendice § 250, et, pour la basse chiffrée, § 237.

Chapitre V.

De l'enchainement et de la réalisation des accords dissonnans.

§ 131. Dans chaque accord dissonnant il y a une ou plusieurs notes qui font un intervalle dissonnant avec la fondamentale (§ 3); ces notes se nomment dissonnances; ainsi:
dans les accords de quatre notes, la dissonnance est la septième,
dans les accords de cinq notes, les dissonnances sont la septième et la neuvième,
dans les accords altérés, la dissonnance est la note altérée, plus la septième et la neuvième qui peuvent s'y trouver.

Art. 1. Enchainement.

§ 132. En examinant d'abord *l'emploi* qui a été fait des accords dissonnans, on trouve: qu'on n'a point composé de morceaux entiers avec eux seulement; qu'il y a bien quelquefois deux ou plusieurs de ces accords de suite, mais qu'en général ils ont été mêlés dans une suite d'accords consonnans; qu'ils ont lieu sur quelque point de la phrase que ce soit, mais que le dernier accord d'un membre est souvent consonnant et que le dernier d'une phrase l'est toujours.

§ 133. Quant à l'*enchainement* de ces accords, on a remarqué:
-1° qu'ils ont été choisis de manière à ce qu'en ôtant les dissonnances, ils présentent une suite satisfaisante d'accords de trois notes; tellement, que les *successions* et les *modulations* ne se vérifient que sur ces derniers;
-2° qu'on n'en attaque plusieurs, et qu'on n'en quitte aucun qu'avec certaines précautions. Ces précautions pour attaquer un accord dissonnant s'appellent *préparation*, et pour le quitter, *résolution*; en voici le développement:

a) Préparation.

§ 134. Un accord dissonnant est préparé lorsque la note où les notes dissonnantes ont été frappées, par la même partie et à la même place, dans l'accord précédent, p. ex:

La préparation a lieu le plus souvent sur un tems moins fort que ce lui où se frappe la dissonnance, et la valeur de la note qui prépare est ordinairement pour le moins aussi longue que la valeur de la note dissonnante.

L'accord de septième de quatrième espèce est peut-être le seul qui ait toujours été préparé; de tous les autres ceux qui l'ont été le plus souvent sont, la septième de deuxième et de troisième espèce. Tous les accords dont la dominante (le 5e degré) est fondamentale se passent souvent de la préparation.

B.) Résolution.

§ 135. Le passage d'un accord dissonnant à un autre accord quelconque se nomme *résolution*. Les différentes manières de résoudre un accord dissonnant peuvent se ranger en trois ordres; savoir:

Résolution de 1er ordre. La résolution la plus usitée, et qui par conséquent semble être la plus naturelle, est celle, où, après l'accord dissonnant, il arrive un accord (consonnant ou dissonnant) de la même gamme, pourvu que la fondle de ce dernier fasse, avec celle de l'accord qui se résout, la succession de *quarte supérieure*, ou quinte inférieure, p. ex. fig. 130.

Dans cette résolution de 1er ordre, la partie qui fait une dissonnance au moment du changement de l'accord, *descend* (se résout) par degrés conjoints sur l'accord suivant; celle qui fait la tierce dans les accords dont la dominante est fondamentale, *monte* par degrés conjoints; dans les accords altérés, indépendamment de la résolution des autres notes dont il vient d'être parlé, la partie qui fait la note altérée monte, si l'altération a été faite en montant, et descend, si elle a été faite en descendant; Ex:

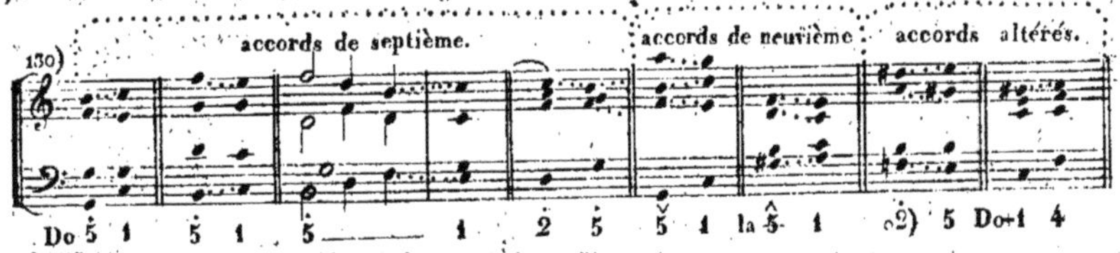

Ainsi les dissonnances et la tierce des accords de dominante sont soumises à une *marche forcée*.

Résolution de 2d ordre. Cet ordre comprend toutes les résolutions où l'accord qui succède à l'accord dissonnant ne fait point avec lui quarte supérieure dans la même gamme, *mais où*, toutefois, *chacune des notes qui ont une marche forcée*, observe l'une des trois conditions suivantes:

– 1° si elle *marche* conformement aux principes de la résolution de 1er ordre, (f. 131.),

– 2° si elle *reste* en place (f. 132.),

– 3° si elle *change* chromatiquement ou enharmoniquement (f. 133).

D'autres ex. de résolutions de cet ordre se trouvent dans les articles de chaque accord dissonnant en particulier.

Les résolutions de 2ᵈ ordre s'emploient encore assez fréquemment.

Résolutions de 3ᵉ ordre. On appelle ainsi toutes les résolutions qui diffèrent en quelques points que ce soit de celles des deux ordres précédens. Elles sont rares; en voici quelques unes:

D'autres exemples se trouvent dans les articles de chaque accord dissonnant.

ART. 2. RÉALISATION.

§ 136. *Marche de chaque partie prise isolement*. Il arrive quelquefois: – que l'accord dissonnant est séparé par un silence de sa résolution (f. 134); – que dans ce cas la résolution des parties n'est pas toujours observée (f. 135); – que la partie qui fait une note de marche forcée touche, avant la résolution, à une autre note du même accord (f. 136); – que cette partie ne revient pas toujours sur la note qui devrait lui servir de résolution (f. 137); – que les notes dont la marche est forcée sont reprises successivement par une ou plusieurs autres parties et résolues dans celles où elles se trouvent au moment où l'accord change (f. 138); mais le changement de ces notes d'une partie à l'autre ne se fait guère dans les accords qui demandent la préparation (f. 139).

Pour les notes qui ont une marche libre, telle que la fondˡᵉ de tous les accords, ou la tierce et la quinte de quelques uns, ainsi que pour tout ce qui a encore rapport à la marche isolée d'une partie, voir § 20 à 22.

§ 137. *Marche des parties dans leur rapport respectif.* Les intervalles harmoniques de secondes, septièmes et neuvièmes *mineures* et *majeures*, ont été employés presqu'avec la même précaution que la quinte l'octave et l'unisson § 27; c'est à dire, qu'on ne voit pas souvent que deux parties quelconque fassent par mouvement semblable deux secondes, septièmes ou neuvièmes (f. 140), ou que deux parties arrivent par ce mouvement sur un de ces intervalles (f. 141), à moins que la partie superiéure ne marche par degrés conjoints et l'inférieure par degrés disjoints (f. 142). Ainsi lorsqu'une partie fait avec une autre l'un de ces intervalles, elles y arrivent de préférence par mouvement oblique ou contraire (f. 143). Ces restrictions sont cependant observées moins rigoureusement que pour la quinte et l'octave.

On n'a pas remarqué qu'il ait été pris quelques précautions pour les autres intervalles harmoniques, tels que seconde augmentée, septième diminuée &c. on y arrive par tous les mouvemens.

On évite généralement de faire marcher la fondamente, dans quelque partie que ce soit, sur la note qui sert de résolution à la septième (f. 144). Cette mélodie de tierce inférieure de la fond[le] n'a lieu que lorsqu'on donne à la septième une résolution de troisième ordre (v. les deux premiers ex. de ces résolutions, p. 75).

§ 138. *Notes doublées ou supprimées.* On supprime: – de préférence la quinte, excepté dans les accords altérés; – souvent aussi la fondamentale, mais seulement dans les accords de dominante; – rarement la tierce; – quelquefois la septième dans les accords de neuvième.

Les notes qui ont une marche forcée ne se doublent ordinairement pas, à moins qu'elles ne fassent leur résolution en restant en place (f. 145). Dans les accords de dominante, lorsque la fond[le] est supprimée, on double quelquefois la septième en donnant à l'une des parties qui doublent une résolution de 3me ordre afin d'éviter deux octaves (f. 146). Pour le reste voir § 32 à 35.

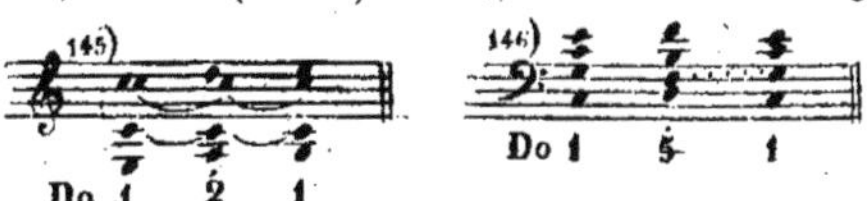

§ 139. *Position et renversement.* Pour la position, voir § 36 à 44; pour le renversement il faut observer, outre ce qui est dit § 46 à 58, que les accords de quatre notes ont aussi un troisième renversement, qui a lieu, lorsque la septième est à la basse, et que les accords de cinq notes en ont un troisième et un quatrième ; ce dernier a lieu lorsque la neuvième est à la basse. Le troisième renversement s'emploie souvent ; quant au quatrième, il en est parlé dans l'article des accords de neuvième. La quarte qu'une des parties supérieures fait avec la basse dans le second renversement, se traite toujours selon § 54 ; mais celle qui provient du troisième et quatrième renversement, s'attaque et se quitte librement.

§ 140. *Durée des accords*. La durée des accords dissonnans est en général moins longue que celle des accords consonnans. L'accord qu'on prolonge ordinairement le plus est celui de la septième de dominante, puis celui de la neuvième mineure sans fond^le^, &c., selon l'ordre suivant:

Mode majeur ou mineur 5, 5, 5, 2, o2), o2), o2), 5, les autres accords dissonnans durent au plus une seconde ou deux.

§ 141. Style d'école. – Préparer toujours les accords de septième de 2e, 3e et 4e espèce. Ménager les résolutions de 2^d^ ordre ; ne pas employer celles de 3e ordre, à l'exception de celle où, en l'absence de la fond^le^, dans les accords de dominante, la septième monte par degré conjoints. p. ex:

Ne pas faire descendre la fond^le^ de tierce (§ 137, à la fin). Lorsqu'une partie qui fait une note de marche forcée touche, avant la résolution, à une autre note de l'accord, il faut la faire revenir toujours sur sa note de résolution, § 136. Se conformer le plus possible aux autres points de ce chapitre.

Le travail pour ce chapitre se trouve dans les articles de chaque accord dissonnant en particulier.

Supplément au chapitre précédent.

Quelques observations sur la tonalité des accords dissonnans.

(Ce supplément peut être passé.)

§ 142. On doit déja avoir fait l'observation

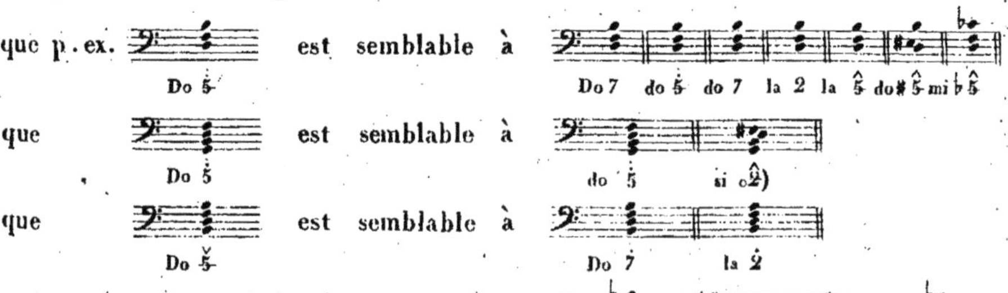

qu'il n'y a rien qui indique à l'oreille la différence entre les quatre accords suivans: do 5 la 5 fa # 5 mi ♭ 5

et qu'il se presente par conséquent ici la même question que pour les accords consonnans, savoir: *Dans quelle circonstance un accord donné fait-il l'effet d'appartenir à tel ton, sur tel degré?* La réponse à cette question et les règles qui en découlent sont ici les mêmes, en sorte qu'il suffit de renvoyer au supplément p. 55, dont celui-ci est la suite, et d'ajouter quelques exemples en accords dissonnans.

Exemples pour la 1re règle, p. 56:

Cet accord ne peut se trouver ni sur 1 en majeur ni sur 1 en mineur; ainsi l'oreille va plus loin et, le trouvant sur 5 en majeur, elle s'y arrête, le prend pour Do 5, et ne tient aucun compte du mi♯ qui lui semble être un fa♮. Si cet accord n'est précédé de rien, ce n'est qu'en le déterminant par une résolution qu'on peut lui faire produire, à la seconde audition, l'effet de si o$\hat{2}$).

Les fondamentales pour ces quatre notes peuvent être Do 7, la $\dot{2}$ ou Do $\check{5}$. La dominante étant plus usitée que le 2d degré et le 7e, l'effet de cet accord, pris isolément, est Do $\check{5}$.

Voici les mêmes notes que celles de l'accord précédent: l'oreille les prendrait bien aussi pour Do $\check{5}$, mais n'étant pas habituée à entendre la neuvième majeure placée au dessous de la tierce (§ 118 – 1°), elle préfère recourir à *la* $\dot{2}$.

Ici la tonalité est tout à fait incertaine: celle des quatre dominantes à laquelle cet accord doit appartenir ne peut être déterminée que par une résolution, ou en y ajoutant une fondamentale, ou quelques notes accidentelles, ainsi qu'on le verra dans le 2d livre.

Exemples pour la 2e règle, p. 56:

La succession 1–5 étant plus usitée que 1–7, l'accord de la seconde mesure fait ici l'effet de Do $\check{5}$, tandis que dans l'ex. suivant:

Les notes si fa ré se prononcent comme la 2.

Do 1 $\check{5}$ la 1 2 Voir les deux remarques précédentes.

Exemples pour la 3e règle. p. 57:

Le second accord de cet exemple pouvant appartenir à la gamme du premier, fait ici l'effet de *la* $\hat{5}$.

La gamme de *Do* annoncée par le premier accord ne renferme pas le second; de toutes celles dont il pourrait faire partie, c'est celle de *do* qui est la moins éloignée; ainsi l'effet est Do 1 do $\hat{5}$.

L'accord de la seconde mesure se trouve en *fa*, *Fa* ou *mi*. Les deux dernières de ces gammes sont presqu'également éloignées de *la*, de façon que l'oreille est incertaine sur la tonalité, et attend la résolution pour se décider entre *Fa* $\dot{5}$ ou *mi* o$\check{2}$). Il en est à peu près de même dans les exemples suivans:

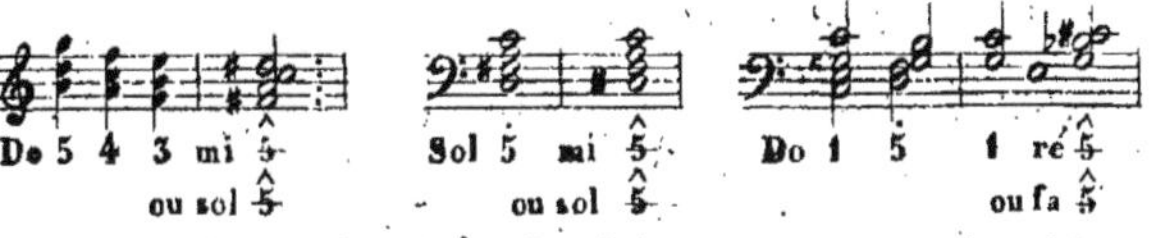

§ 143. Il est sans doute inutile de faire observer que, bien qu'un accord s'annonce comme appartenant à telle fondamentale, on peut lui en supposer une autre et résoudre selon cette dernière, ce qui donne, si l'on peut s'exprimer ainsi, une sorte de calembourg harmonique, p. ex:

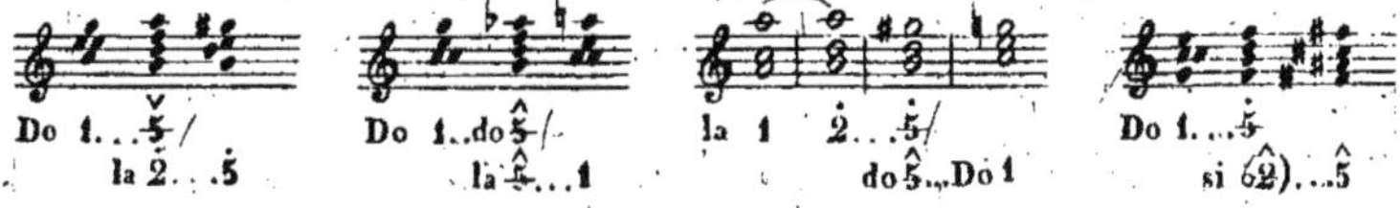

§ 144. Quant à la notation (l'ortographe) de plusieurs de ces accords, les compositeurs ne s'accordent pas tous: cependant on peut observer qu'on écrit l'accord en général conformement à la résolution qu'on lui donne. Ainsi les trois derniers exemples qui précédent doivent être écrits, le premier avec sol♯, l'autre avec la♭ et le dernier avec mi♯, quoique ces notes s'annoncent, à la première audition, telles qu'elles sont notées ci-dessus.

Il y a des compositeurs qui, de la manière dont ils écrivent, rendent quelquefois difficile l'analyse de l'harmonie la plus simple, comme p. ex. f. 146, qui n'est autre que f. 147. Voyez aussi f. 148.

Voir § 104.

Chapitre VI.

De quelques manières particulières de réaliser

Art. 1. Observations relatives au Nombre de parties qui composent l'harmonie.

§ 145. L'on n'a eu jusqu'ici en vue que l'harmonie à trois et à quatre parties, comme étant la plus usitée et en même tems la plus facile pour les commençans. Quand le nombre des parties est plus grand ou plus petit, l'harmonie se traite de la même manière, à quelques légères différences près, qu'on tâchera d'expliquer le plus succintement possible.

a) De l'harmonie à deux parties.

§ 146. _1° Moins il y a de parties, mieux l'oreille en saisit la mélodie: ainsi dans l'harmonie à *deux*, où chaque partie est prédominante, on apporte le plus grand soin à la marche isolée de chacune. Il est rare d'y trouver des notes purement de remplissage, comme on en rencontre souvent dans les parties médiaires de l'harmonie à quatre. Il y a peu de résolution de second et surtout de troisième ordre.

_2° On observe avec beaucoup de soin tout ce qui est relatif aux intervalles d'octaves, d'unisson, de quinte juste, de seconde et de septième par *mouvement semblable* (§ 27, et 137). On emploie rarement la quarte juste.

–3° Les principes des § 33 et 34, d'après lesquels on double ou on supprime une ou plusieurs notes d'un accord, ne sont pas applicables à l'harmonie à deux. Comme chaque accord y est incomplet, et qu'on ne peut pas continuellement retrancher la quinte, il n'y a que le gout et l'expérience qui puissent indiquer dans quel cas on se passe de préférence de la fondamentale ou de la tierce, v. p. ex. les deux leçons suivantes; dans la 15e et la 47e mesure de la f. 150, la fondamentale et la tierce sont supprimées en même tems.

–4° On *renverse* souvent les accords, même dans les cadences quand la partie inférieure n'est pas écrite pour un instrument ou une voix grave, v. p. ex. f. 150. On n'écarte pas trop les parties.

–5° La *durée* des accords est en général moins longue dans l'harmonie à deux que lorsqu'il y a un plus grand nombre de parties.

Exemples:

§ 147. L'harmonie à deux ne s'emploie pas exclusivement dans le duo: souvent, pour obtenir de la variété, on la fait alterner avec l'harmonie à trois, à quatre parties et même davantage.

Travail. Chiffrer et réaliser les deux leçons précédentes, puis remplir à deux parties celles de f. 32, 57, 73 et 107; en faire d'autres. Les deux parties que l'on choisit peuvent être; Soprano et Contr-alto, Soprano et Ténor, Contr-alto et Ténor, Contr-alto et Basse, ou Ténor et Basse. Voir l'appendice § 251.

B) De l'harmonie a plus de quatre parties.

§ 148–1° Plus il y a de parties, moins il est possible d'en saisir la mélodie: aussi voit on souvent dans l'harmonie à plus de quatre parties, que plusieurs d'entr'elles font des notes purement de remplissage, ne présentant presqu'aucun sens mélodique. Les résolutions de second et de troisième ordre sont moins rares.

–2° Les quintes et les octaves cachées (§ 28), surtout entre les parties médiaires, sont très fréquentes; on voit souvent aussi arriver deux parties par mouvement semblable sur une dissonnance.

–3° On double les notes de l'accord dans une proportion qui correspond à peu près à ce qui est dit § 33: ainsi dans l'harmonie à huit parties, il y aurait p. ex. trois fond[les], trois quintes et deux tierces, ou bien, quatre fond[les], trois quintes et une tierce &c. Les notes de marche forcée se doublent quelquefois aussi en fesant une résolution de troisième ordre dans l'une des parties qui doublent. Quand on veut supprimer quelque note, on observe les principes du § 34.

–4° Les accords ne se renversent pas aussi souvent que dans l'harmonie à un moindre nombre de parties.

–5° La durée des accords est en général longue.

Exemples:

151)

§ 149. Les compositeurs anciens écrivaient souvent des morceaux entiers à cinq, six, sept, huit parties et davantage; aujourd'hui il est rare d'en trouver à plus de quatre ou cinq, car dans ceux destinés à un plus grand nombre d'exécutans, l'harmonie à plus de quatre parties ne se rencontre que de distance en distance, pour quelques mesures, ou pour quelques accords, et dans tout le reste, où il n'y a que peu de parties, plusieurs exécutans se taisent ou renforcent une partie en unisson ou en octaves, ainsi qu'on va le voir dans l'article suivant.

Travail. Chiffrer et réaliser les deux leçons précédentes; réaliser à 5, 6, 7 ou 8 parties quelques unes de celles fig. 13, 16, 36, 58, 96, 111 et 120; En faire d'autres; voir l'appendice § 231.

ART. 2. DES PARTIES DOUBLÉES EN UNISSON OU EN OCTAVES.

§ 150. Quelquefois, pour relever la mélodie d'une partie, on la fait exécuter par plusieurs voix ou instrumens, à l'unisson ou à l'octave. Une partie ainsi doublée, par quelque nombre d'exécutans et à quelque distance d'octave que ce soit, ne compte toujours dans l'harmonie que comme une *seule* partie, quoiqu'elle produise en quelque sorte l'effet de plusieurs. C'est ainsi que l'harmonie des morceaux disposés pour de grandes masses n'a souvent qu'un petit nombre de parties réelles. Ex:

§ 151. Nota. Lorsqu'il n'y a qu'une partie, c'est à dire lorsqu'il n'y a qu'une mélodie sans harmonie, on peut l'indiquer par 0; voyez les deux derniers ex.

§ 152. On ne double une partie en *octaves* que lorsqu'il n'en résulte pas quelques inconvéniens contre la pureté de l'harmonie; exemples: si on doublait en octaves supérieures la partie médiaire de la f. 153, on ferait des quintes consécutives, f. 154; mais ces mêmes quintes ne sont pas choquantes dans f. 155 où elles sont absorbées par la masse. Si on doublait cette même partie médiaire par octaves inférieures, on obtiendrait une mauvaise basse en quartes, f. 156; à moins qu'on ne fit comme dans f.

157. Si on doublait en octaves supérieures la basse des f. 158 et 161, on obtiendrait des tierces diminuées, f. 159 et 160 (§ 130.) et des neuvièmes placées trop près et audessous de la fondamentale, f. 162 et 163 (§ 118–1°); &c.

§ 153. Les octaves consécutives dont il est question dans cet article ne produisent pas le même effet que celles qui ont été signalées comme inusitées § 27: ces dernières ont lieu lorsque deux parties réelles *différentes* font par mégarde un ou quelques pas avec les mêmes notes, tandis que les autres se font à dessin pour renforcer une partie pendant toute une phrase ou un membre de phrase; les unes proviennent de la conception des parties, et les autres servent à doubler une partie toute conçue.

Travail. Le travail pour cet article, ainsi que pour les deux articles suivans, se trovera à la fin du second livre; l'élève ne doit pas s'en occuper maitenant.— Pour la basse chiffrée, v. l'appendice § 238.

ART. 3. DES ACCORDS BRISÉS ou ARPÉGÉS.

§ 154. On a vu, dans l'article précédent, que plusieurs parties ne comptaient quelquefois que comme une seule; par contre il arrive aussi, surtout dans la musique instrumentale, qu'une seule partie est conduite de manière à produire en quelque sorte l'effet de plusieurs, p. ex:

164) 165)

Dans f. 164, il n'y a, comme on voit, qu'une seule partie, mais elle rend clairement l'harmonie à quatre de f. 165. Un accord dont les notes sont rendues ainsi, c'est à dire successivement et avec une certaine vitesse, se nomme accord *brisé* ou *arpégé*, par opposition à *plaqué*, ce qui a lieu quand les notes sont rendues simultanement, comme dans f. 165.

§ 155. Voici ce qui a été observé en général relativement à la correction des accords brisés: lorsqu'une partie en représente deux ou plusieurs, *on a soin que l'harmonie soit correcte considérée comme plaquée*; cette précaution prise, la partie qui brise parcourt les notes de cette harmonie n'importe en quel sens, et sans égard aux fautes apparentes qui peuvent se trouver dans sa marche; Ex:

harmonie plaquée

la même brisée

a 4 parties

a 3 parties

a 4 parties

Préparion

préparation

a 4 parties

ou

ou

ou

a 3 parties

a 3 parties

a 3 parties

a 5 parties

Partic doublée en octaves

Parties doublées en octaves

a 3 parties

Partie doublée en octaves.

a 3 parties

usité

usité

usité

peu usité

inusité

usité

§ 156. Les incorrections marquées de barres dans les exemples précédens, disparaissent dans un mouvement vif, et se font sentir à mesure que le mouvement se rallentit; aussi ces versions sont-elles plus ou moins usitées selon qu'elles s'exutent en valeurs plus ou moins longues; v. les deux dernières portées des ex. précédens.

§ 157. Mais souvent aussi une partie parcout rapidement les notes d'un accord sans qu'il y ait accord brisé proprement dit, p. ex.

Ici la partie f. 166 ne représente qu'une seule mélodie dont les notes principales sont f. 167.

§ 158. Pour accompagner une mélodie de ce genre, on n'a égard qu'à ces notes principales qui sont, la *première* et la *dernière* de chaque accord, et quelquefois, selon la phrase, la plus longue, la plus haute ou la plus basse, ex:

notes principales de la 1re partie de l'ex. ci-après.

8a....

8a....

8a....

4 parties

ou bien brisé comme

ou

&c.

4 parties

&c.

ou

&c.

4 parties

2 parties

Partie doublée.

Partie doublée.

1 partie.

&c.

§ 159. Dans cette manière de parcourir les notes de l'accord, on évite de toucher à celles qui ont besoin de préparation (v. la dernière accolade des ex. précédens, et § 154), tandis que dans les accords brisés proprement dits, on attaque et l'on quitte indifféremment toutes les notes (v. p. 85, le 4e ex).

ART. 4. DES PRÉCAUTIONS À PRENDRE LORSQU'IL Y A DIVISION DES MASSES OU PRÉDOMINANCES QUELCONQUE D'UNE OU DE PLUSIEURS PARTIES.

§ 160. Dans les morceaux dont une ou plusieurs parties sont destinées à se distinguer ou se séparer des autres dans l'exécution, l'harmonie se réalise de manière à ce que celles des parties qui restent réunies, ou qui sont rendues par des timbres semblables, produisent à elles seules, abstraction faite des autres, un ensemble satisfaisant; ex:

Voici trois réalisations différentes d'une même harmonie:

Si les cinq parties sont exécutées par des timbres semblables, et que les exécutans soyent réunis, il n'y a guère de raison de préférer l'un de ces trois ex. aux deux autres; mais si les parties 3, 4, 5 de l'ex. a) étaient placées, dans l'exécution, loin des parties 1, 2, ces dernières présenteraient à l'auditeur qui se trouverait de leur côté, une harmonie *à deux* peu satisfaisante, et les parties 3, 4, 5 de leur côté, quoique fesant bonne harmonie *à trois* dans les trois dernières mesures, seraient assez maigres dans les deux premières. Il en serait de même si les parties 1, 2 étaient exécutées par des voix et les autres par des instrumens, ou bien les unes par des instrumens à vent et les autres par des instrumens à cordes, ou les unes en solo et les autres en choeur, &c. La réalisation b) est donc préférable pour la disposition 1, 2, 3, 4, 5, ainsi que pour les suivantes 1, 2, 3, 4, 5 – 1, 2, 5, 3, 4 – 1, 2, 4, 5, 3 tandis que l'ex. a) vaut mieux pour celles-ci: 1, 2, 3, 4, 5 – 1, 3, 4, 5, 2 – 1, 3, 4, 2, 5 : Il y a encore d'autres dispositions, comme 1, 5, 2, 3, 4 – 1, 2, 3, 4, 5 pour lesquelles on peut choisir entre les ex. a) et b), et d'autres enfin, comme 1, 3, 5, 2, 4, – 1, 4, 5, 2, 3 – 1, 3, 2, 4, 5 – 1, 4, 2, 3, 5 – 1, 2, 4, 3, 5 pour lesquelles il faudrait réaliser cette harmonie encore autrement, car les trois ex. ci-dessus ne présentent aucune version bien favorable. La réalisation c) n'est préférable pour aucune disposition si ce n'est pour celles-ci: 1, 2, 3, 4, 5 et 1, 2, 3, 5, 4, et encore, dans cette dernière, les parties 1, 2, 3, 5 manquent elles de tierce dans les deux derniers accords.

§ 161. Lorsqu'on accompagne avec des timbres différens une ou plusieurs parties prédominantes, on observe en général seulement, que l'accompagnement soit correct pris isolément, et l'on n'a point égard aux octaves et unissons consécutifs qu'il pourrait y avoir entre cet accompagnement et les parties prédominantes (fig. 168, 169, a); toute fois on a soin que ces octaves ne se fassent avec la *basse* de l'accompagnement (168, 169, b) que dans les deux derniers accords d'une cadence parfaite (171), ou lorsqu'on accompagne une partie prédominante grave (fig. 170). Dans tous les cas on évite les quintes.

LIVRE SECOND,

DES NOTES ACCIDENTELLES.

DES NOTES ACCIDENTELLES EN GÉNÉRAL.

§ 162. Dans la musique moderne on frappe souvent avec les accords, sous certaines conditions, des notes qui n'en font pas partie; ex: (v. les notes marquées de +)

Ces notes, quoiqu'employées quelquefois en plus grand nombre que les notes réelles, ne changent rien au fond de l'harmonie qui repose toujours sur ces dernières (f. 172 b et c). On peut les regarder comme de simples ornemens des notes réelles. Elles se nomment notes *accidentelles* ou notes *étrangères*, § 2. Elles sont divisées dans cet ouvrage en deux classes, savoir:

1re classe) Notes qui, ayant été réelles précédemment, deviennent accidentelles par leur prolongation. Elles se nomment notes *prolongées*, ou simplement *prolongations*.

2e classe). Notes sur lesquelles on passe d'une note à une autre, ou qui servent à broder une seule note. On les appellera notes *purement mélodiques*, ou simplement *notes mélodiques*.

§ 163. Toutes les notes accidentelles sont considérées comme *dissonnances*: celles de la 1re classe, par leur nature même, sont toujours préparées, celles de la seconde, par leur nature aussi, ne le sont jamais; mais les unes et les autres sont soumises à une résolution qu'on indiquera à mesure qu'il en sera question.

§ 164. La *durée* de ces notes n'est point arbitraire; on en traitera également dans chaque article.

§ 165. Les notes accidentelles s'emploient indifféremment dans toutes les parties; on les place à quelqu'endroit que ce soit de la phrase, excepté à la fin, toute terminaison se faisant nécessairement par des notes réelles. Elles sont subordonnées à ces dernières et peuvent être retranchées (f. 172 b ou c) sans que l'harmonie cesse d'être correcte.

CHAPITRE I.

DES PROLONGATIONS.

§ 166. Quelquefois une ou plusieurs notes d'un accord se prolongent sur une partie de la durée de l'accord suivant, et même sur sa durée entière, quoiqu'elles n'en fassent point partie; c'est ce qu'on appelle *prolongations*. V. dans les ex. suivans les notes marquées d'une +:

Les prolongations peuvent se diviser en *suspensions*, *pédales* et *retards*; mais leurs caractères ne sont pas assez fixes pour être embrassés par des définitions exactes; les ex. suivans feront mieux sentir ce qui est propre à chacune d'elles.

ART. 1. DES SUSPENSIONS.

§ 167. Ce qui caractérise principalement la suspension, c'est qu'elle a lieu sur un des temps forts de la mesure (⁎) et qu'elle remplace sa seconde inférieure, ou supérieure, sur laquelle elle se résout le plus ordinairement. Ex:

Préparation Suspension Résolution

Do 1 5

Préparation. C'est ainsi qu'on nomme la note réelle qui va se prolonger sur l'accord suivant.

Suspension. Cette note réelle devient suspension à l'entrée de l'accord suivant dont elle ne fait point partie, mais dans lequel elle représente la note sur laquelle elle va se résoudre, c'est à dire sa seconde inférieure ou supérieure. Dans l'exemple précédent, la suspension do représente le si, et dans les

(⁎) Le premier et troisième tems des mesures paires, et le premier des mesures impaires. Dans les mouvements lents, on peut considérer comme tems fort, la partie forte de chaque tems. (Solfége).

deux premiers des ex. suivans, le ré représente, dans l'un, le do et dans l'autre, le mi. Dans le premier cas elle se nomme suspension supérieure, dans le second, suspension inférieure. La suspension commence sur un tems fort; sa durée est arbitraire, elle est quelquefois très longue; on aime assez, surtout dans les mesures paires, à ne pas la faire plus longue que sa préparation (f. 173).

Résolution. – de 1er ordre. La resolution la plus naturelle est celle où la suspension marche, pendant la durée du même accord, sur la note qu'elle a représentée: ainsi la suspension supérieure se résout sur sa seconde inférieure et la suspension inférieure, sur sa seconde supérieure, f. 173. – Résolution de 2d ordre. Quelquefois, aulieu de conserver le même accord pendant la suspension et la résolution, on en change à l'instant même ou la résolution s'effectue, f. 174. Ce second accord est toujours choisi de manière à ce que la suspension, qui est une note de marche forcée, puisse suivre sa résolution naturelle (f. 174), ou rester en place (175), ou changer chromatiquement (176), ainsi qu'il est dit aux résolutions de 2d ordre du § 135. Toute résolution tombe pour l'ordinaire sur un tems moins fort que celui où a commencé la suspension; ex:

§ 168. Ecriture de l'harmonie. Voici les signes analitiques qu'on peut employer pour les suspensions:

Suspension de la fondamentale,	– supérieure		– inférieure		;
,,	de la tierce	id		id	;
,,	de la quinte	id		id	;
,,	de la septième	id		id	, ou ;
,,	de la neuvième	id		id	, ou .

La longueur de la barre exprime la durée approximative de la suspension. La barre terminée sans crochet indique que la suspension se résout en restant en place, ou en changeant chromatiquement, f. 175 et 176.

§ 169. Emploi. Voir § 165. Chaque note réelle qui n'a pas besoin de préparation peut être suspendue; toutefois la suspension de la fondamentale et celle de la tierce sont plus usitées que celles de la quinte, celle-ci plus que celle de la septième et de la neuvième, et les suspensions supérieures sont, en général, plus douces et plus fréquentes que les autres. Ex:

1° Suspension de la fondamentale.

§ 45.
2° Suspension de la tierce.
180) Partie donnée.
Partie donnée.
180 bis) Partie donnée.
accomp.
accomp.
Partie donnée.
accomp.
L'exemple précédent, la partie supérieure une octave plus haut et avec trois parties d'accompagnement.

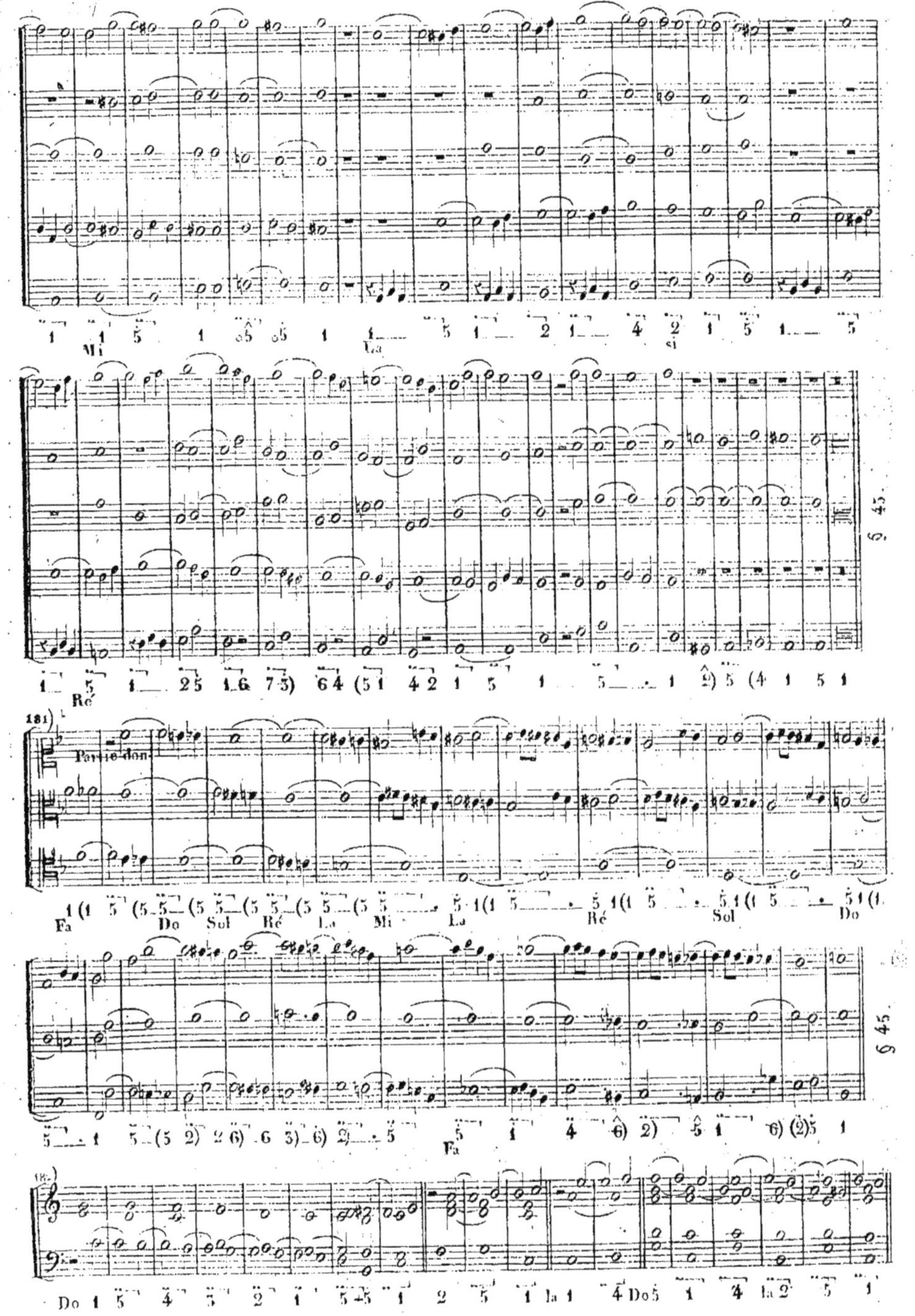
Mi
La
si
Ré
§ 45
181)
Partie don
Fa
Do
Sol
Ré
La
Mi
La
Ré
Sol
Do
§ 45
Fa
Do
la
Do
la

–3º Suspension de la quinte; v. f. 185; elle s'emploie rarement; l'inférieure n'est usitée que lorsqu'elle peut se faire par demi–ton, f. 184.

–4º Suspension de la septième; elle n'est employée quelquefois que dans les accords de la dominante, puisque ce sont les seuls où la septième peut toujours se passer de préparation; ex:

–5º Suspension de la neuvième; ex:

–6º Suspensions doubles, triples &c. Quand il n'y a qu'*une* suspension dans un accord, comme dans les exemples précédens, elle est *simple*; mais il y a aussi des suspensions doubles, triples, &c. ce qui a lieu quelquefois lorsque deux ou plusieurs notes sont suspendues à la fois. Dans ce cas on évite d'en mettre à la basse, et on observe toujours, pour chaque partie qui suspend, les conditions de la suspension simple; ex:

§ 170. Lorsqu'il y a trois suspensions où davantage, on peut éviter la multiplicité des signes de la manière suivante: p. ex. les deux dernières mesures qui précèdent peuvent s'écrire ainsi: *la* 5 1, ce qui indique que toutes les notes de l'accord $\hat{5}$ se prolongent sur l'accord 1. Voici l'harmonie des trois derniers ex. écrite de la même manière:

5 5 5 5 2) $\hat{5}$ 1 ‖ 2 1 $\hat{5}$ 1 ‖ 5 1 $\hat{5}$ 1 ‖
Do Fa Si♭ Mi♭ Sol ‖ Do la ‖ Do la ‖

§ 171. Ressemblance des suspensions avec des notes réelles. La réunion de notes qui résulte de plusieurs suspensions est souvent semblable à certains accords non suspendus. L'harmonie est alors susceptible de différentes explications: on choisira celle qu'on jugera la plus simple ou la mieux indiquée par la nature de la phrase; ex:

En employant une partie de plus, on peut faire disparaitre cette amphibologie dans beaucoup de suspensions, comme dans le dernier ex. ci-dessus, où la partie médiaire *la ré* ne permet plus que l'explication suivante Do $\hat{2}$) 5 . — § 104.

§ 172. Réalisation. Tout ce qui est dit pour les notes réelles, s'applique à la suspension; voici ce que l'on observe de plus:

— 1° Comme la suspension représente la note de sa résolution, on a soin de réaliser de manière à ce que l'harmonie reste encore correcte lorsque cette note est mise à la place de la suspension: ainsi la f. 191, a) est regardée comme fesant deux quintes et deux octaves consécutives, v. f. 191, b). Cette épreuve ne suffit cependant pas toujours, comme on peut voir par f. 192, a) où les suspensions font des quintes qui ne se trouvent pas dans l'harmonie non suspendue, f. 192, b).

-2º La note réelle, représentée par la suspension, n'est pas employée pendant la durée de cette dernière, dans une autre partie, si ce n'est au moins une octave plus bas, p. ex:

Au contraire on frappe autant que possible avec la suspension une note de l'accord qui fasse avec elle seconde ou septième, mais qui ne soit pas la note de sa résolution, examinez la réalisation de tous les exemples qui précèdent.

Différentes manières de réaliser:

§ 173. Style d'école. Eviter: — les suspensions inférieures autres que celles qui se résolvent par demi-ton; — les suspensions frappées sur un tems moins fort que leurs résolutions; — l'abus des résolutions de 2^{d} ordre; — les accords brisés; — les parties doublées.

Travail. Chiffrer et réaliser les leçons f. 177 à 181 et 187 à 190. Pour celles où la partie donnée n'est pas indiquée, il est indifférent de prendre d'abord la basse ou une des parties supérieures; — faire d'autres leçons; accompagner la partie suivante d'une douzaine de basses différentes.

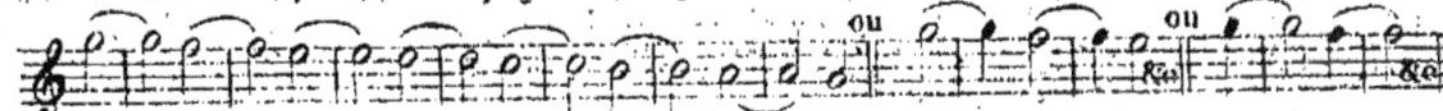

voir l'appendice § 232 et, pour la basse chiffrée, § 239 et 240.

ART. 2 DE LA PÉDALE.

§ 174. Une prolongation dans la partie la plus grâve, et sur laquelle il y a une suite d'accords dont un ou plusieurs lui sont étrangers, se nomme *pédale*; ex:

§ 175. Cette prolongation ne se fait qu'avec la tonique ou la dominante des deux modes. Sa durée est arbitraire et elle ne se termine que lorsqu'elle est redevenue note réelle et, le plus souvent, fondamentale. Toute espèce d'accords bien enchainés se fait sur la pédale, seulement lorsqu'il y a des accords hors du ton, ils ne sont traités qu'en demi-modulation; on évite de terminer une phrase par un accord où la pédale est note accidentelle, §165. Ex:

§ 176. Ressemblance de la pédale avec les notes réelles. La pédale a un caractère tout à fait particulier: quoiqu'elle soit considérée comme note étrangère, elle n'en fait point l'effet et ne demande pas, comme toute autre dissonance, à fuir de sa place. Ce sont plutôt les notes supérieures qui planent sur la pédale qui produisent cet effet; mais la marche libre de ces notes permet encore bien moins de les considérer comme notes accidentelles.

Ce caractere consonnant d'une tenue dans la basse subsiste encore lors même que cette tenue peu s'expliquer comme dissonance réelle des accords; p. ex. comme septième; v. f. 195.

Dans la f. 195, le sol de la basse peut toujours appartenir aux accords, et même plusieurs fois il en est la septième sans manifester une tendence à descendre. Cette harmonie peut donc être analisée des deux manières qui y sont indiquées. – § 104.

Les compositeurs écrivent quelquefois certaines notes réelles de manière à donner à l'harmonie la même physionomie que s'il y avait pédale; comparez f. 196 a avec b.

§ 177. Réalisation. Les accords étrangers à la note prolongée sont presque toujours disposés de manière à ce que chaque partie s'enchaine avec l'accord suivant en sautant le moins possible, et à ce que celle qui se trouve immédiatement audessus de la pédale, serve à ces accords de bonne basse; v. tous les ex. de cet article.

Différentes manières de réaliser. La pédale se double souvent en octaves, mais on évite en général qu'une des parties qui doublent se trouvent audessus d'une autre qui s'en approche d'un demi-ton; f. 197, 198 et bis, et 199; ce n'est guère que dans les valeurs courtes qu'on ne prend point cette précaution, f. 200. La pédale est quelquefois coupée par un silence ou par une autre note, en accords brisés; v. les ex. suivans:

6) 2 5) 1 5 Do 1 2 5 1 Do 1 2 5 1

T T

§ 178. Pédale *médiaire* et *supérieure*. Des tenues dans une partie médiaire ou supérieure, sans être le renfort par octaves d'une pédale basse, peuvent en général s'expliquer comme notes réelles, f. 202. Les endroits où ces tenues deviennent effectivement pédales (note étrangère) sont excessivement rares, et même ceux qui existent ont presque toujours une des quatre qualités suivantes: — ou la tenue se trouve, quoique médiaire, toujours plus basse que les notes qui s'en approchent d'un demi-ton, 203; — ou elle est suspension résolue en restant en place, f. 204 et f. 175, p. 91; — ou les accords étrangers suivent les principes des notes mélodiques (chap. suivant), 205; ou ces accords passent si rapidement que l'oreille n'a pas le tems d'en être choquée f. 200 ci-dessus.

§ 179. Ecriture de l'harmonie. La pédale est indiquée dans cet ouvrage par T____ lorsque c'est la Tonique (du ton indiqué pour le moment) qui se prolonge, et par D____ lorsque c'est la Dominante; v. l'emploi de ces signes dans les ex. de cet article.

Style d'école. Ne pas employer de pédales médiaires ou supérieures autres que celles qui peuvent toujours s'expliquer comme notes réelles.

Travail. Chiffrer et réaliser les leçons f. 193 et 194; en faire d'autres; voir l'appendice § 232 et, pour la basse chiffrée, § 241.

ART. 3. DES RETARDS.

§ 180. On appelle ici *notes retardées*, ou simplement *retards*, une prolongation courte dans laquelle on n'a aucun égard aux principes exposés pour la suspension et la pédale.

Modèle, en notes réelles. la même harmonie avec des retards.

§ 181. On doit avoir remarqué que plusieurs de ces rétards, dans les exemples précédens, peuvent aussi s'expliquer comme suspensions, et d'autres comme notes réelles.

On a dû voir aussi que les exemples des portées b) p. 102 et 103, sont, quand au fond de l'harmonie, absolument semblables à ceux des portées a), et qu'il n'y a de différence que dans la division de la mesure. Il y a des auteurs qui, lorsque les retards ont lieu sur les tems faibles, ou sur les parties faibles des tems, ne considèrent point comme retard la partie qui se prolonge, mais comme *anticipation* celle qui commence l'accord suivant. Ainsi dans cet exemple: , le ré et le fa seraient anticipation, tandis que dans celui-ci , qui est le même, ce ré et ce fa seraient notes réelles. Il est du reste indifférent pour la pratique d'admettre l'une ou l'autre explication, puisqu'il n'y a jamais anticipation d'un côté sans qu'il y ait retard de l'autre. – § 104.

§ 182. Les retards ne s'emploient en général qu'avec des valeurs courtes; l'ex. 208 est peut être le seul qu'on rencontre en grandes valeurs. Du reste l'usage de cette sorte de prolongations n'est pas bien fréquent, surtout lorsqu'elles marchent par degrés disjoints, ou en montant. Elles exigent beaucoup de précaution et de délicatesse. § 165.

§ 183. Réalisation. De même que pour les suspensions, on se représente à la place du retard la note sur laquelle il marche; ainsi l'on évite l'ex. suivant: comme fesant deux quintes et octaves consécutives . Quand la valeur du retard n'est pas bien brève, l'harmonie est toujours plus douce si elle est réalisée avec le même soin que pour les suspensions.

Différentes manières de réaliser:

§ 184. Style d'école et Travail. Les retards en général n'étant point de nature à être proposés comme travail dans ce que l'on appelle ici style d'école, et d'ailleurs leur emploi convenable se fondant principalement sur une grande expérience, l'exercice en est réservé pour le travail dans le style libre, proposé à la fin de cet ouvrage.

Chapitre II.

Des notes purement mélodiques.

§ 185. Jusqu'à présent les notes de chaque partie ont été considérées à la fois harmoniquement et mélodiquement: harmoniquement, parcequ'elles appartetenaient toujours à un accord; mélodiquement, parceque leur succession formait une mélodie. Mais il arrive aussi qu'une ou plusieurs parties font dans leur mélodie des notes qui n'ont rien de commun avec l'accord qui les accompagne et qui ne sont pas non plus des prolongations d'un autre accord, p. ex:

Do 1 ————

Ces notes, accompagnées ainsi, ne sont *que mélodiques*.

§ 186. Les notes d'une mélodie, quand celle-ci est prise isolément, ne sont en elles-mêmes ni réelles ni accidentelles: elles ne deviennent l'un ou l'autre que relativement à l'accord qu'on choisit pour les accompagner. C'est ainsi que la même mélodie est envisagée, dans les exemples suivans, de différentes manières, comme font voir les × qui y indiquent les notes accidentelles:

§ 187. D'après l'usage qu'on a fait jusqu'aujourd'hui des notes mélodiques, elles ne semblent se marier avec les notes harmoniques que de deux manières:

–1° en brodant par degré conjoint *une seule note* quelconque, p. ex. ⁖; ces notes seront appelées *broderie*;

–2 en parcourant en ligne droite et par degrés conjoints l'espace compris entre *deux notes différentes*, p. ex: •·····•, ou •··;·•; celles ci s'appellent *notes de passage*.

§ 188. L'écriture de l'harmonie, proposée dans cet ouvrage, se borne à indiquer les accords et les prolongations; les notes mélodiques n'y sont pas exprimées, puisqu'elles sont en général d'une valeur trop courte, puisqu'il faudrait autant de signes que de notes et qu'il s'en trouve quelquefois jusqu'à cent et davantage sur un seul accord, enfin, puisque, n'étant que des ornemens de notes harmoniques, elles ne font pas partie de l'harmonie proprement dite.

ART. 1. DES BRODERIES.

§ 189. Souvent, dans un groupe de quelques notes, on en considère une comme note principale, pourvu que les autres n'en soient pas éloignés de plus d'une seconde majeure (f. 209 a), et on les accompagne comme si la partie qui les exécute ne soutenait que la note principale (209 b), peu importe que les autres notes, qu'on appelle alors *broderies*, fassent partie de l'accord ou non. (209 c).

En d'autres termes: une partie qui, au lieu de tenir une note quelconque (p. ex. 209 b), touche momentanément à une ou deux autres notes éloignées de seconde majeure au plus (209 a), est souvent accompagnée comme si elle soutenait toujours la même note et sans qu'on s'inquiète si les notes voisines (les broderies), auxquelles elle touche, appartiennent à l'accord ou non (209 c).

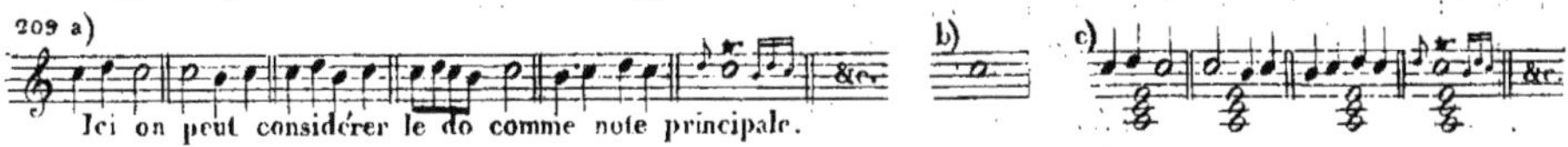

§ 190. Une note ainsi ornée ou brodée se nomme, comme on vient de voir, *note principale*, et les notes qui l'entourent seront appelées:

médiaires, lorsque la note principale se trouve immédiatement avant et après elles, p. ex:

appoggiatures, lorsque la note principale ne se trouve qu'immédiatement après, p. ex:

échappées, lorsque la note principale ne se trouve qu'immédiatement avant, p. ex:

§ 191. La médiaire, l'appoggiature et l'échappée sont, ou *supérieures* (voyez la première mesure de chacun des trois exemples précédens), ou *inférieures* (la seconde mesure de ces exemples), ou *simples* (la 1re et la 2e mesure), ou *doubles* (la 3e et la 4e mesure).

A) De la broderie par la médiaire.

§ 192. En conséquence des deux paragraphes précédens, la médiaire est celle des broderies qui coupe la note principale en deux. Comme elle remplace momentanément sa note principale, on l'accompagne indifféremment de tous les accords qu'on choisirait si cette dernière durait toujours; ex:

On voit par ces exemples, que l'accord entre et change à volonté sur chaque point; cependant on doit observer que l'harmonie est en général plus douce quand le commencement d'un accord tombe sur une note réelle, comme dans les quatre premrers exemples ci-dessus.

§ 193. On a dit que les broderies ne s'éloignent jamais de la note principale de plus d'une seconde majeure; mais souvent elles en sont plus près. Voici ce que l'usage a introduit à cet égard:

-La note *supérieure* de la médiaire simple ou double se fait avec les notes du ton dans lequel on veut être pour le moment (f. 210, 211). En mineur la 7ᵉ note fesant avec la 6ᵉ un intervalle plus grand que celui de seconde majeure (212), on la baisse d'un demi ton quand elle doit servir de broderie à la 6ᵉ (213).

-2° La note *inférieure* de la médiaire simple ou double se fait également avec les notes du ton dans lequel elle est employée (210); mais il arrive très souvent qu'on la rapproche de la note principale, ce qui ne porte pas atteinte à la tonalité (214, 215). En mineur la 6ᵉ note ne pouvant servir de broderie à la 7ᵉ (216 a), on la hausse toujours d'un demi ton (216 b et 217) et même d'un ton (216 c).

3° Avec certains instrumens, et même avec la voix, on fait quelquefois des broderies qui s'éloignent de moins d'un demi ton de la note principale; p. ex. avec le violoncelle, où les médiaires de la f. 215 ne diffèrent souvent que d'un quart de ton de leur note principale; ou bien avec le violon, lorsqu'on fait osciller le doigt, comme  &c.

Toute altération de la médiaire supérieure, autre que celle qui vient d'être indiquée pour le mode mineur, et toute altération qui éloigne la note inférieure, change la tonalité et fait appartenir l'accord au ton d'ou est prise cette altération (210, 211).

§ 194. La durée de la médiaire semble être très arbitraire; elle se fait ordinairement avec des valeurs courtes, et si l'on en emploie quelquefois de grandes, ce n'est que pour la médiaire simple (218, a), ou pour l'*une* des deux notes de la médiaire double (b, c.).

§ 195. Quand certaines broderies se font avec de grandes valeurs, elles deviennent notes réelles, tandis qu'avec de petites valeurs l'oreille aime mieux les prendre comme notes accidentelles, ne pouvant saisir un changement d'accord trop précipité (comparez f. 200 avec quelques exemples de f. 219). En transformant en grandes valeurs les médiaires de la f. 219, on obtient successivement tous les accords. Avec des valeurs moyennes, l'oreille reste souvent indécise (221); alors il semble indifférent de considérer les notes qui brodent comme réelles ou comme accidentelles; § 104. Si l'on a des raisons pour leur donner le caractère décidé de notes accidentelles, on n'a qu'à soutenir avec d'autres parties l'accord qu'on veut conserver (222), seulement alors la broderie longue devient souvent fort dure (222 b).

§ 196. Toutes les notes réelles et toutes les notes accidentelles se brodent par la médiaire. Les exemples de broderies de notes réelles se trouvent en grand nombre dans cet article; en voici où les notes accidentelles elles mêmes sont brodées:

On voit par plusieurs de ces exemples, qu'en brodant une note accidentelle, la broderie devient souvent note réelle (p. ex. le si dans la basse de la 6e mesure ci-dessus).

§ 197. Réalisation. Quand le mouvement est lent, c'est à dire quand les notes accidentelles se font avec des valeurs *longues*, on observe à peu près la même pureté de réalisation que si elles étaient notes réelles: on évite p. ex. de faire par mouvement semblable, deux quintes, octaves, unissons, secondes ou septièmes (f. 223); on évite qu'une partie qui change de position, ou qui entre après un silence, vienne se heurter par seconde ou neuvième avec le commencement d'une note mélodique (224). Cette rencontre est moins dure à distance de septième (225). Ordinairement on ne double pas en unisson la note brodée, la note principale (226), à moins que ce ne soit dans deux parties dont le timbre diffère essentiellement, comme p. ex. la voix et le piano, le cor et le violon.

Quand la valeur de ces notes est *courte*, toutes les taches qui viennent d'être signalées ne s'apperçoivent presque plus (227); mais elles reparaissent avec plus de dureté encore, quand elles se reproduisent plusieurs fois de suite, quoiqu'en valeurs brèves (228). Même les successions de quintes diminuées qui, en notes réelles, ne sont point rejetées, semblent, lorsqu'il y en a plusieurs de suite, ne point convenir aux notes mélodiques (229). Ainsi les traits où ces notes se rencontrent ne sont employés dans plusieurs parties à la fois, que lorsqu'elles marchent en tierces ou sixtes, ou bien en mouvement contraire. Une suite de quartes par mouvement semblable n'est supportable que lorsqu'une troisième partie fait le même dessin une tierce au dessous (230). Les fausses relations ne sont d'aucune conséquence (231).

On n'a parlé, relativement à la réalisation, que de valeurs longues et brèves; quant aux nuances qui existent entre ces deux extrêmes, on conçoit que chaque compositeur réalise selon sa manière de sentir et selon l'idée qu'il veut exprimer. – Pour se convaincre de l'influence du mouvement sur l'effet des notes purement mélodiques, on n'a qu'à essayer les exemples de cet article dans plusieurs mouvemens: on verra, qu'à mesure qu'on rallentit, plusieurs de ces exemples deviendront tout à fait mauvais; p. ex. la fin de la f. 217, p. 108, exécutée en Adagio ou en Largo, produira une cacofonie épouvantable. – On peut observer que les meilleurs compositeurs ont réalisé les notes mélodiques de manière que l'harmonie reste encore bonne lors même qu'elle est exécutée un peu moins vite qu'ils ne l'avaient conçue.

Quelques manières différentes de réaliser:

§ 198. Style d'école. Employer rarement la médiaire double; ne pas changer l'accord sur une note étrangère (§ 192, à la fin); réaliser aussi purement que pour les notes réelles, quel que soit d'ailleurs le mouvement.

Travail. Chiffrer et réaliser les leçons 232 à 234; prendre les leçons f. 33, 40, 60, 72, 93, 111, 178, 180, 193; y broder çà et là quelques notes, p. ex:

faire d'autres leçons; voir l'appendice § 232.

232)

Partie donnée

La 1 — 4 — 2 — 5 — 16 — 27 — 31 — 42 — 1 — 5 — 1 —

§ 45.

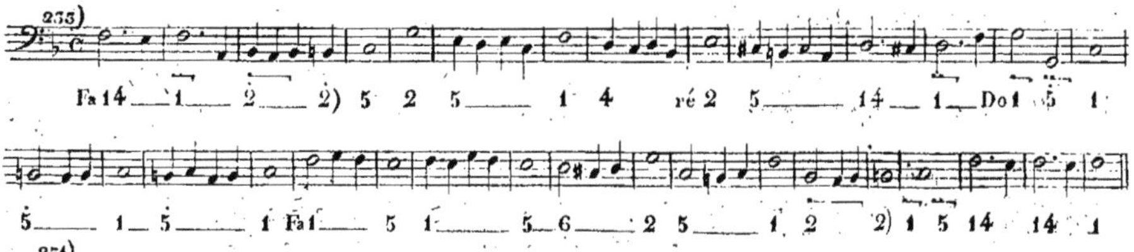

233)

Fa 14 — 1 — 2 — 2) 5 2 5 — 1 4 ré 2 5 — 14 — 1 — Do 1 5 1

5 — 1 — 5 — 1 Fa 1 — 5 1 — 5 — 6 — 2 5 — 1 2 — 2) 1 5 14 14 1

234)

do 1 — 5 — 1 — 4 — 1 — 4 — 1 — sol 5 1 5 1 —

5 — 1 Mi♭1 — 4 — 7 — 5 — 6 — 2 — do 5 — 4 — 1 —

4 — 1 — 5 1 5 1 5 — 1 — T 5 — 1 — 5 — 1 —

B) De la broderie par l'appoggiature.

§ 199. Cette note mélodique n'étant autre que la médiaire, avec retranchement de la première note principale (§ 190.), on peut y appliquer tout ce qui vient d'être dit pour celle ci, savoir:

—1° Pour le point ou l'accord change ou entre, voir § 192, et écrire les exemples de ce § en mettant à la place de la 1re note principale, un silence ou une autre note de l'accord, p. ex:

—2° Pour l'altération, voir § 193. La note inférieure de l'appoggiature se rapproche encore plus souvent de la note principale que celle de la mediaire (235). Dans l'ex. 236, qui est assez usité, le fa ♯ (altération de la note supérieure) n'efface point l'impression de *la*.

—3° Pour la valeur des notes, voir § 194; ex: Sol 1 &c. voir les ex. 218, a, b, c.

—4° Pour la ressemblance de ces notes avec les notes réelles, voir § 195. Ex:

—5° L'appoggiature, surtout quand elle est à la basse, demande beaucoup de précaution; elle ne s'y frappe le plus souvent *qu'après* l'entrée de l'accord (237). On conçoit que l'appoggiature, n'étant point précédée de sa note principale, il n'y a que les notes qui n'exigent pas la préparation qui peuvent la recevoir: ainsi la septième majeure et toutes les prolongations ne se brodent point par l'appoggiature. Voici quelques ex. de l'emploi de cette note mélodique (238):

—6° Réalisation. Voir § 197.

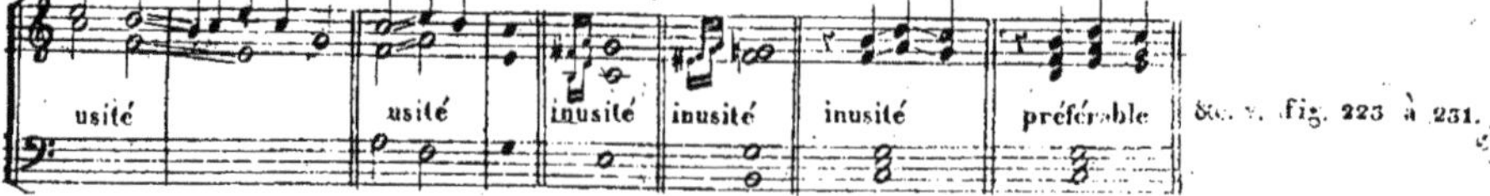

Quelques manières différentes de réaliser.

c) DE LA BRODERIE PAR L'ECHAPPÉE.

§ 200. Quoique cette note mélodique puisse être considérée aussi comme une médiaire, mais avec retranchement de la dernière note principale (§ 190), elle a été si peu employée jusqu'aujourd'hui, qu'on ne saurait lui appliquer dans toute leur étendue les observations qui ont été faites sur les deux broderies précédentes. L'échappée, en général, ne semble convenir:

–1° qu'en valeurs courtes (239, 240), à moins qu'elle ne fasse partie de l'accord suivant, mais alors l'harmonie peut s'analyser aussi comme s'il y avait retard (241, a, b);

–2° que sur les tems faibles, où les parties faibles des tems (239, 240).

Souvent elle tombe immédiatement sur une appoggiature (239).

Pour le reste, voir § 193, 195, 197.

Le travail des appoggiatures et échappées est réservé pour la fin de cet ouvrage, dans le paragraphe: Travail dans le style libre.

ART. 2 DES NOTES DE PASSAGE.

§ 201. Une partie qui fait par degré conjoint et en ligne droite une série de notes d'une valeur assez courte et égale, ou à peu près (p. ex:) s'accompagne souvent comme s'il n'y avait que les notes extrêmes (ex:) peu importe que les autres, nommées dans ce cas *notes de passage*, fassent partie de l'accord ou non; ex:

Voici le développement de ce qui vient d'être dit:

§ 202 .... *par degrés conjoints*, ...

–1° Lorsque deux notes font un intervalle plus grand que la seconde majeure, la chaine des notes de passage, en cet endroit, est rompue, et ces deux notes se traitent en notes réelles (f. 242, +); quelquefois la seconde, en appoggiature (243), et la première, mais très rarement, en échappée (244).

–2° Deux notes qui se suivent par seconde majeure prononcent une tonalité, en sorte que l'on ne fait marcher les notes de passage par cet intervalle que lorsqu'il peut se former avec les notes du ton dans lequel on veut être pour le moment (245, 246, +). Voici ce que l'on observe en mineur pour la 6e et 7e note: si l'une d'elles fait partie de l'accord qui accompagne, on altère l'autre pour l'en rapprocher jusqu'à distance de seconde majeure (247, +); si toutes deux sont notes accidentelles, on altère l'une ou l'autre (247, ‡); et si toutes deux sont notes réelles, on n'en altère aucune (247, ǂ). Ainsi les notes de passage qui se suivent par seconde majeure, offrent, sauf ce qui vient d'être dit pour la 6e et 7e note en mineur, un moyen de plus pour moduler (246).

–3° Les notes qui se suivent par seconde mineure ou demi-ton (suite chromatique), ne prononcent pas de tonalité, en sorte que l'on fait marcher les notes de passage par ces intervalles arbitrairement en quelqu'endroit que ce soit (249).

–4° Quelquefois les notes de passage se suivent encore par de plus petits intervalles: celà a lieu p. ex. sur le violon, avec la voix, &c. lorsque l'on va d'une note à une autre en glissant, comme

Dans un renversement très vif, les notes de passage sur l'accord 2), $\hat{2}$), o2) ou o$\hat{2}$) se font quelquefois comme dans les petites portées supérieures de l'ex. précédent; voyez aussi l'ex. suivant:

Voyez aussi les mesures 11 à 14 de f. 247.

§ 203 ......*en ligne droite,*......

La note qui interrompt la ligne droite, quoique marchant par degrés conjoint, coupe également la chaine des notes de passage, et se traite en note réelle ou en médiaire; ex: +

§ 204 ......*d'une valeur assez courte*......

Des notes de valeurs longues sont rarement traitées en notes de passage, car dans ce cas l'oreille a le tems de distinguer dans un trait celles qui font partie de l'accord d'avec celles qui lui sont étrangères, et dès lors ces dernières deviennent dures (comparez f. 250 a, avec f. 250 b), ou bien elles se prononcent comme notes réelles aussitôt qu'elles peuvent former accord avec les autres parties, et cessent par conséquent d'être notes de passage. Appliquez aux ex. suivans ce qui est dit § 195. — Voyez aussi § 104.

250 a) 250 b) 251)

peu usité

Sol 1 Sol 1 Fa 5 5 6 5 1 5 5 5

peu usité inusité usité inusité

Fa 5 5 Do 4 4 5 6 4 4 4

inusité inusité

1 Do 1 7 6 5 4 3 2 1 1 1

usité inusité

do 1 5 do 1 1) 5 1 5 1 5

Do 1

§ 205 .... *et égale, ou à peu près,.....*

Dans une suite de notes de valeurs inégales, quoique courtes, on traite presque toujours en notes réelles celles qui, par une plus grande valeur, se font sentir comme notes prédominantes (252, 253); il en est de même de celles qui se distinguent des autres par l'accent (254). Il n'y a guère, en fait de valeurs inégales, que des traits comme ceux de la f. 255 qui se conçoivent quelquefois entièrement en notes de passage.

255) Do 1 ou 4 ou 6 &c. 1 ou G ou 4 &c. 5 ou 4 ou 2 1 &c.

§ 206 .... *n'importe qu'elles fassent partie de l'accord ou non.*

Mais lorsque les notes se suivent en ligne droite, par degrés conjoints, en valeurs courtes et égales, il n'y a plus que celles des extrémités qui se font sentir comme prédominantes, en sorte qu'on n'a égard, pour accompagner les autres, qu'à la gamme qu'elles parcourent (§ 202 – 2°), employant du reste tous les accords qu'on choisirait s'il y avait un silence à leur place (f. 256). La gamme chromatique, contenant les notes de toutes les gammes (§ 202 – 3°), s'accompagne indifféremment des accords de chaque ton (f. 257).

On voit que les accords entrent et changent à volonté sur chaque point de la série des notes de passage; mais c'est encore ici qu'il faut observer, que l'harmonie est toujours plus douce si le commencement d'un accord a lieu sur une note qui peut être envisagée comme réelle, et cela surtout quand les notes de passage se font dans la basse, ou qu'elles ne sont pas bien courtes.

§ 207. **Emploi.** Chaque partie remplit de notes de passage indifféremment tout intervalle qui, abstraction faite de ces dernières, serait bien employé; voyez tous les exemples de cet article.

Dans les exemples qui précèdent, les notes de passage n'ont jamais lieu qu'entre deux notes réelles; en voici où elles sont amalgamées avec des notes accidentelles:

§ 208. Les notes de passage reçoivent aussi les broderies de la médiaire, de l'appoggiature et même de l'échappée; dans les trois cas les notes réelles se confondent souvent avec les accidentelles, ainsi que ces dernières entre elles, comme fait voir la double analyse des ex. suivans:

§ 209. **Réalisation.** Les principes de réalisation pour les notes de passage sont les mêmes que pour les broderies: on peut donc appliquer aux exemples suivans tout ce qui est dit § 197.

Andante.

Do 1 5 1 5 1 5 1 5 2) 1 5

inusité

Do 5 5) 6 1 2 5

usité

1 2 5

All°

Do 5 1 5 1 1 5

assez usité

Bach.

Do 1 4 Sol 5 1 la 5

Mozard.

Do 4 2 1 5 6

Do 1 5 1

Ce dernier ex. est très usité même en grandes valeurs.

inusité

Do 6 5

moins mauvois.

Sol $\frac{5}{2}$ ou mi

Do 4 1 4 1

&c. &c.

très usité

&c. &c. &c. &c.

Do 1 1 1 1

Quelques manières différentes de réaliser.

Quelquefois on interrompt la ligne droite des notes de passage pour la continuer dans une autre octave, mais cela n'a lieu ordinairement que lorsqu'une autre partie fait le même trait en unisson, octaves, tierces ou sixtes, simultanément et sans interruption, ex:

Les bornes de la voix ou de l'instrument pour lequel on écrit sont souvent la cause de ce dérangement, ex:

§ 210 Style d'école. Ne pas employer des notes de passage d'une valeur longue, mais ne pas employer non plus de valeurs trop courtes: des croches et des noires dans un mouvemens modéré sont ce qu'il y a de préférable dans ce style; éviter les notes de passage sur l'entrée d'un accord; ne point broder les notes de passage; les traiter, quant à la pureté de la réalisation, comme si elles étaient des notes réelles, quelle qu'en soit la durée.

Travail. — 1° Prendre les leçons f. 14, 19, 57, 108, 177, 178 et 180, telles qu'elles sont réalisées dans cet ouvrage, et y introduire quelques notes de passage ainsi que des broderies; p. ex:

— 2° Chiffrer et réaliser les leçons suivantes (§ 66 — 3°) et en faire d'autres, depuis deux parties jusqu'à cinq.

Partie donnée.

Sol 1 4 7 3 6

—3º Prendre le chant principal de quelque choral ou plain chant, ou de quelque solfège simple (comme p. ex. Nº 79, 90, 116, 128, 191, 197 &c. du solfège du Conservatoire de Paris, 1re partie, 1re édition. Dans la seconde édition ces morceaux se trouvent sous les Nos suivans: 88, 94, 102, 110, 125, 126 &c.). Mettre ce chant dans une partie quelconque et l'accompagner de 2, 3 ou 4 autres parties. Comparer ensuite l'harmonie qu'on vient de faire avec celle qui se trouve dans les livres d'où on a tiré le chant, afin de voir en quoi cette dernière pourrait être préférable. Ex:

Nº 79, 1re édition }
Nº 83, 2e édition } du solfège du conservatoire de Paris.

Le même chant mis dans l'alto et transposé en Ré pour mieux l'approprier au diapason de cette voix.

Le même chant dans la basse et transposé.

—4º Prendre un motif (une petite phrase), p. ex: mettre ce motif dans une partie quelconque; écrire à la suite, n'importe dans quelle partie, une espèce de conduit qui mène dans un autre ton; reproduire le motif dans ce nouveau ton et, dans une partie différente de celle qui l'a dit précédemment; faire un autre conduit, et ainsi de suite jusqu'à ce que le motif ait été dit aumoins une fois dans chaque partie; p. ex:

motif

Conduit de Fa en Do

Enfin, remplir les vides de cette esquisse de la manière la plus interessante possible; p. ex: (faire ce remplissage sur l'ex. précédent, puis le comparer à l'ex: suivant.)

Faire cet exercice sur un grand nombre de motifs qu'on inventera soi-même, ou qu'on empruntera, et principalement sur les suivans:

Voir l'appendice § 232, et, pour la basse chiffrée, § 243.

Plan de travail dans le style libre.

§ 211. Si l'élève s'est bien exercé sur ce qui a été prescrit jusqu'ici, il doit être maintenant en état d'éviter tout naturellement ce que l'on est convenu d'appeler des fautes d'harmonie (infractions au style d'école); et si, par un moyen quelconque, il a pu entendre ses leçons à mesure qu'elles ont été faites, et exécuter lui même souvent de bonne musique, son oreille et son goût doivent être formés assez pour l'avertir de ce qu'il doit admettre ou rejetter, lorsque son imagination lui dicte une idée qui n'est pas conforme au style d'école. Alors il n'est plus nécessaire, dans le travail des propositions suivantes, qu'il se tienne toujours dans les limites de ce style. Seulement, chaque fois qu'il les dépassera, il aura soin de consulter l'oreille afin de s'assurer si la version qu'il voudrait tenter, est en effet préférable à telle autre qui serait, comme on dit, plus correcte; dans le cas contraire, et même en cas d'incertitude, il préférera cette dernière. — Les accords brisés, les parties doublées, les retards, les appoggiatures, les échappées et les notes de passage brodées, qui n'ont pas encore été introduites dans le travail, trouveront également leur application dans les 2e et 3e propositions ci après.

§ 212. *Première proposition.* Analiser toute sorte de morceaux de toutes les dimensions et dans tous les genres; y indiquer l'harmonie selon la méthode développée dans cet ouvrage. Lorsqu'il y a plusieurs versions, on peut les indiquer toutes, ou seulement celle qui semble être la plus simple. Après cette indication, faire quelques résumés, comme p. ex: telle succession ou tel degré est employé tant de fois; il y a tant de mesures dans le ton I, tant dans tel autre et point dans les tons éloignés; il n'y a que tel ou tel accord dissonnant; les résolutions de 2d ordre sont rares; il y a peu de prolongations et beaucoup de notes mélodiques, &c. les phrases sont de telle longueur, elles sont ou ne sont pas divisées en membres, les membres sont de telle longueur qui est symétrique ou non &c. La réalisation est partout conforme au style d'école, ou elle en diffère en ce qu'il y a deux quintes, deux secondes &c. entre telles parties. &c. &c.

Voici une espèce de tableau de la notation et du diapason des voix et des instrumens, à l'usage de ceux des élèves qui ne seraient pas bien fixés à cet égard. On ne prétend point enseigner ici ce que l'on appelle l'intrumentation, qui n'entre pas dans le plan de cet ouvrage et qui d'ailleurs exigerait des développemens bien differens; mais seulement mettre l'élève à même de faire, sur le premier morceau venu, l'analyse que l'on vient de proposer.

Notation..... ....Effet.......

Les *voix* rendent les notes telles qu'elles sont écrites (§ 22), à l'exception du ténore et de la basse-taille, lorsque ces deux voix sont nottées en clef de sol, ce qui arrive quelquefois pour faciliter la lecture à ceux qui ne connaissent pas les autres clefs: dans ce cas l'effet est d'une octave plus bas que la notation; ex.........................

Ténor.

Basse-taille.

Le *piano*, la *harpe*, le *violon*, l'*alto*, la *flûte*, le *hautbois*, le *basson*, le *trombonne*, le *serpent* et l'*oficleïde* rendent les notes au diapason sur lequel elles sont notées.

Le *violoncelle* les rend de même, seulement lorsqu'il est écrit sur la clef de sol, plusieurs auteurs notent une octave plus haut qu'ils ne veulent qu'on joue: c'est à l'exécutant à deviner l'intention du compositeur; ex...........

La *contrebasse* rend les notes une octave plus bas que la notation; ex:..

La *guitare* id; ex:...

La *clarinette* est de différens tons; c'est en tête du morceau et quelquefois dans le courant, lorsqu'il y a changement de clarinette, que l'on indique celle qui doit servir. La clarinette en *Ut*, ou *in C*, rend les notes telles qu'elles sont écrites; celle en *Si♭*, ou *in B*, les rend une seconde majeure plus bas; ex...

celle en *La*, ou *in A*, les rend une tierce mineure plus bas; ex...

celle en *Mi♭*, ou *in Es*, les rend une tierce mineure plus haut; ex...

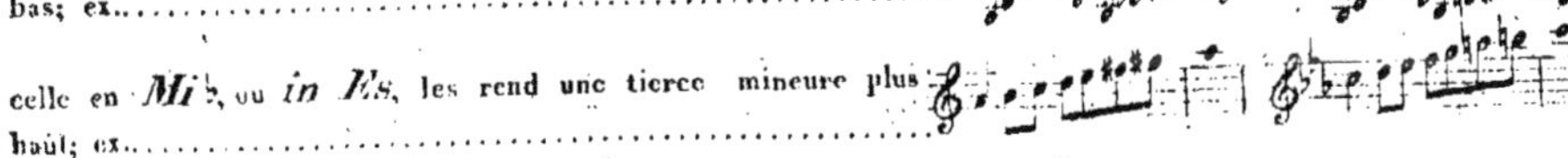

Notation. Effet.

celle en *Fa*, ou *in F*, les rend une quarte juste plus haut; ex..

Le *Cor* est aussi de différens tons:
le cor en *Ut*, ou *in C*, rend les notes une octave plus bas que la notation; ex...........................

celui en *Ré*, ou *in D*, les rend une septième mineure plus bas; ex..

celui en *Mi♭*, ou *in Es*, les rend une sixte majeure plus bas; ex..

celui en *Mi♮*, ou *in E*, les rend une sixte mineure plus bas; ex..

celui en *Fa*, ou *in F*, les rend une quinte juste plus bas; ex..

celui en *Sol*, ou *in G*, les rend une quarte juste plus bas; ex..

celui en *La* haut, ou *in A alto*, les rend une tierce mineure plus bas; ex..

celui en *La bas*, ou *in A basso*, les rend une dixième mineure plus bas; ex..
celui en *Si♭ haut*, ou *in B alto*, les rend une seconde majeure plus bas, et
celui en *Si♭* bas, ou *in B basso*, les rend une neuvième majeure plus bas.

Lorsqu'on se sert de la clef de fa pour noter les sons graves du Cor, l'usage a introduit d'écrire ces notes une octave plus bas qu'on ne fait comparativement dans la clef de sol; ex..

Cor en Mi♭. quarte
Cor en Fa unisson

La *trompette* s'écrit en tout comme le cor, mais elle rend les notes une octave plus haut que ce dernier, ainsi: la trompette en *Ut*, ou *in C*, rend les notes comme elles sont écrites;
celle en *Ré*, ou *in D*, les rend une seconde majeure plus haut; ex..
celle en *Mi ♭*, ou *in Es*, les rend une tierce mineure plus haut; ex..
&c.

Le *cor anglais*, ou *corno di basetto*, rend les notes une quinte juste plus bas que la notation; ex..........

La *petite flûte* dont on se sert le plus ordinairement sans la désigner autrement que par *petite flûte*, ou *picolo*, est celle en *Ré*, ou in *D*; elle rend les notes une octave plus haut qu'elles ne sont écrites; ex..........

8a.........

celle en *Mi♭*, ou in *Es*, les rend une neuvième mineure plus haut; ex..

celle en *Fa* ou in *F*, les rend une dixième mineure plus haut; ex...

Le *flageolet* dont on se sert ordinairement en France pour les contredanses, rend les notes une douzième plus haut qu'elles ne sont écrites; ex..........

Les *timballes* se notent de deux manières: la plus usitée est celle où le compositeur écrit les notes que ces instrumens doivent rendre; l'autre consiste à n'écrire toujours qu'*ut* et *sol*, ce qui signifie la tonique et la dominante du ton indiqué en tête; ex:

L'*orgue* varie selon les jeux qu'on emploie: si l'on tire un registre appelé de *huit pieds*, les notes sonnent au diapason sur lequel elles sont écrites; un registre de seize pieds les rend une octave plus bas, et un registre de quatre pieds, une octave plus haut. Il y a des régistres qui donnent jusqu'à la double et triple octave, et d'autres (mais qui ne servent que dans de grandes masses où ils ne sont pas apperçus), qui donnent la quinte juste et la tierce majeure. Comme l'on se sert à volonté de l'amalgame et de la réunion de tous ces jeux, chaque note est souvent rendue, selon la grandeur de l'orgue, en quatre ou cinq octaves différentes.

Le *carillon* s'emploie si peu et il est de tant d'espèces qu'il serait fastidieux de les citer; les notes y sonnent ordinairement une ou plusieurs octaves plus haut qu'on ne les écrit.

La grosse caisse, la caisse roulante, le triangle, les cymballes, le pavillon chinois et le *tamtam*, ne donnant pas un son fixe, s'écrivent à volonté n'importe par quelle note.

§ 213. *Deuxième proposition.* Prendre la mélodie principale d'airs de tous genres, comme airs nationaux, airs de danse, de bravoure, vocalises &c; accompagner ces mélodies de différentes manières, p.ex. avec des voix, des instrumens, des instrumens à vent, à corde, un instrument seul &c; puis comparer cet accompnement avec celui des auteurs de ces mélodies. Cette comparaison ne peut cependant guère s'étendre que sur le choix et la succession des accords et la disposition des cadences, car le dessin des parties dépend de la nature des voix ou instrumens pour lesquels on écrit.

§ 214. *Troisième proposition.* Prendre un morceau d'un genre quelconque, mais de petite dimension; étudier ce morceau sous le rapport ritmique, mélodique et harmonique; essayer d'en composer de semblables avec ses propres idées. Faire la même chose successivement pour des morceaux de plus grande dimension. (Ici le *traité de mélodie* de Mr. A. Reicha peut être d'une grande utilité.)

§ 215. Quant à l'emploi d'un instrument pour trouver des idées musicales, on peut remarquer, que beaucoup de compositeurs ont en effet recours à ce moyen, mais que la plupart de ceux qui se sont le plus illustré ne se sont en général servi d'un instrument *qu'après* que le morceau a été conçu ou esquissé, et seulement pour vérifier certains effets et polir quelques passages.

§ 216. Pendant le travail qui vient d'être proposé et qui, selon les vues particulières de l'élève, durera un tems indeterminé, il serait bon de récapituler cet ouvrage, ne fut-ce que pour faire une seule leçon sur chaque indication de travail; ou bien, il vaudrait mieux encore, l'enseigner à un autre.

§ 217. Si, après cela, on desire connaître toutes les ressources techniques qui s'enseignent dans les écoles, on pourra se mettre à ce qu'on appelle contrepoint et fugue, sans toutefois interrompre le travail des trois propositions ci-dessus. (Si l'on desire consulter sur cette matière quelque ouvrage théorique, c'est sans doute le traité de haute composition de Mr. A. Reicha qui pourra satisfaire le plus.)

§ 218. Il y a des professeurs qui adoptent un autre plan d'études que celui que je viens d'indiquer: il consiste à faire passer l'élève au contrepoint et fugue avant de lui permettre de développer l'imagination par le travail du style libre. Au conservatoire de Paris on suit cette dernière méthode.

APPENDICE.

1) NOTIONS SUR LA MANIÈRE LA PLUS FACILE DE RENDRE L'HARMONIE SUR UN INSTRUMENT À CLAVIER.

§ 219. Il serait peut-être possible d'enseigner les règles de l'harmonie à un sourd; mais jamais il ne les employerait avec succès. Il en est de même de ceux qui n'apprennent l'harmonie que sur le papier, sans jamais entendre le résultat de leur travail. La meilleure manière sans doute serait, de faire exécuter par des voix ou des instrumens, chaque leçon à mesure qu'elle vient d'être achevée; mais ce moyen est presque impraticable pour la plupart de ceux qui étudient l'harmonie. Il en est un autre qui peut le remplacer en quelque sorte et qui, aujourd'hui, est à la portée de tout le monde: c'est d'exécuter son travail soi même sur un instrument à clavier. Cependant tous les élèves n'étant pas assez pianiste pour jouer purement une harmonie, on donnera ici quelques notions au moyen desquelles il suffira d'abord de connaître les touches pour se rendre compte, d'une manière assez correcte, de l'effet de chaque suite harmonique.

Pour le chap. I, p. 13.

§ 220. Comme, dans ce chapitre, il n'est encore question d'aucune succession ou suite harmonique, mais seulement d'accords isolés, il suffit, pour ici, d'imprimer à l'oreille le caractère particulier de chacun. Pour cela il faut prendre, p. ex. l'accord majeur sur une fondamentale quelconque, en jouer, chanter ou même siffler les trois notes dans tous les sens et dans différentes octaves, sans toute fois descendre au dessous de ce sol, car plus bas les accords sont trop difficiles à apprécier. On fera la même chose successivement avec l'accord mineur et diminué. Comme l'accord augmenté ne sera pas employé dans le style d'école, on peut s'en passer. Pour s'assurer si l'on est affermi dans cet exercice, il faut se faire exécuter ces accords, n'importe sur quelle fondamentale, et voir si on les reconnait par le seul secours de l'oreille.

Pour le chap. II, p. 15.

§ 221. *Disposition générale*. Une *suite* d'accords, lorsqu'il importe seulement d'entendre l'effet de leur succession, se rend facilement, sur un instrument à clavier, de la manière suivante:

– On joue toujours à quatre parties; les endroits où il doit y en avoir plus, ou moins, seront signalés dans la suite;

–On exécute la basse de la main gauche, telle qu'elle est écrite, en y ajoutant toujours l'octave inférieure, f. 258, afin de la faire mieux ressortir, vu que c'est elle qui a le plus d'influence sur l'effet de l'harmonie;

–Les autres parties se prennent de la main droite dans une des positions serrées qui se trouvent entre la limite des deux notes de la f. 259; v. p. ex. l'accord Do f. 260.

§ 222. *Accords de trois notes non renversés.* La main droite, pour commencer, se met dans une position quelconque et, pour continuer, se conforme aux deux règles suivantes:

–1° Chaque fois que la basse fait un intervalle de seconde, sans qu'il y ait renversement, la main droite prendra ses trois notes en mouvement contraire de la basse et le plus près possible de celles de l'accord précédent, f. 261. Si l'on marchait en mouvement semblable avec la basse, on ferait plusieurs fautes, f. 262.

–2° Lorsque la basse fait un intervalle autre que celui de seconde, il suffit, pour éviter des fautes, que la main droite prenne l'accord le plus près possible du précédent, f. 263. Ici le mouvement contraire, quoique très bon, n'est pas de rigueur, f. 264.

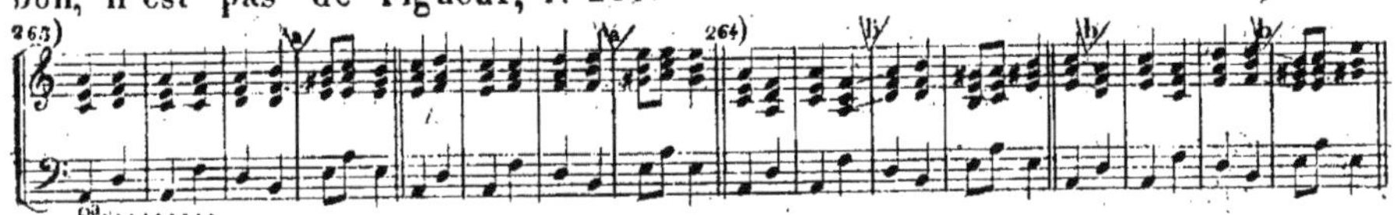

La succession des accords 5–6, lorsque dans l'accord 5 la tierce est note supérieure, se joue, surtout en mineur, comme f. 265.

Quand on prévoit que la main droite va être trop près ou trop loin de la basse, on saisit, pour se placer plus convenablement, un endroit où on peut le faire par mouvement contraire, f. 266+, ou bien on change de position pendant la durée d'un même accord, f. 267+.

En se conformant à ce qui est dit dans ce § et dans le précédent, l'harmonie qu'on obtient ne s'écarte des principes du chap. II que dans les trois points suivans qui du reste, et surtout au piano, ne sont d'aucune conséquence pour l'effet général de la succession des accords:

– il y a quelquefois un intervalle de seconde augmentée, f. 265 a;

– il peut se trouver des quintes cachées entre la 1re et la 3me partie, f. 264b

– les accords sont presque toujours disposés inégalement, parce qu'il y a plus de distance entre la basse et les parties supérieures que ces dernières n'en ont entre elles.

Exécuter l'harmonie sur toutes les basses depuis p.18 à 24; commencer tous ces exemples par différentes positions, afin de trouver celle qui convient le mieux à chacun en particulier; écrire les leçons f. 14, 16 et 32 sur la clef de sol (pour les trois parties supérieures) et la clef de fa (pour la basse): leur réalisation se trouve par hasard conforme à la méthode qui vient d'être indiquée.

§ 223. *Premier renversement.* p.24. Le 1er renversement a lieu lorsque la tierce de l'accord est mise à la basse; or, la tierce se doublant peu, on ne prendra pas, à la main droite, la note de la basse; mais on doublera selon les circonstances, où la fondamentale, ou la quinte, ou on ne fera que deux notes de cette main, supposant que l'une d'elle est doublée en unisson, ex:

Quand il y a deux ou plusieurs premiers renversemens de suite, et que la basse marche par secondes, la main droite ne prend que deux notes, la quinte et la fondamentale, celle-ci plus haut que celle-là, et marche par mouvement semblable avec la basse, f. 268.

Jouer toutes les leçons de § 48 à 51.

§ 224. *Second renversement.* p. 25 à 27. Ce renversement a lieu lorsque la quinte de l'accord est à la basse. Comme la quinte se double à volonté, on peut ici frapper de la main droite les trois notes de l'accord, f. 269. Si l'on prend toujours l'accord le plus près possible de l'accord précédent, il n'y a que fort peu de versions où l'on soit exposé à des octaves et à des quintes, comme p. ex. f. 270 a; on peut les éviter comme dans f. 270 b.

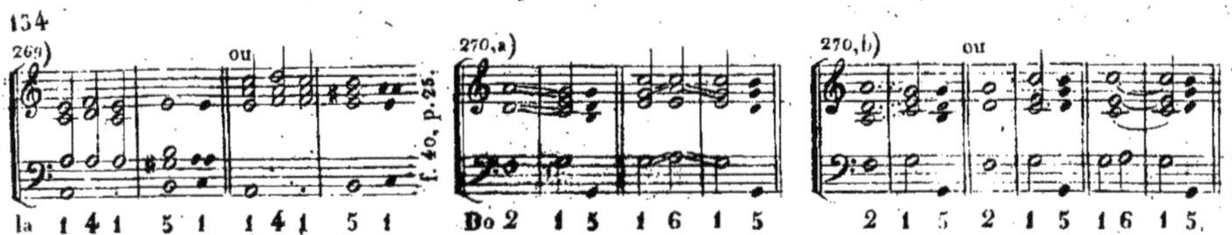

En observant ce qui est dit jusqu'ici, on observe aussi tout naturellement, ce qui est dit § 54, concernant la quarte, et le reste est ici de peu d'importance.

Exécuter toutes les leçons de § 52 à 58, ainsi que celles qu'on aura faites soi-même.

Pour le chap III. p. 28.

§ 225. A mesure qu'une leçon est terminée, on la jouera dans différentes positions, ainsi qu'on l'a recommandé à la fin du § 222.

§ 226. Dans les leçons où c'est la partie supérieure qui est donnée, on commencera par jouer l'harmonie oomme on l'a fait jusqu'ici, c. a. d. on ne prendra, de tout ce qu'il y a d'écrit, que la basse et les chiffres, la main droite se plaçant dans une position quelconque (f. 271 a). Lorsqu'on aura jugé ainsi de l'effet de la suite des accords, on recommencera la même leçon en observant de poser la main droite de manière à ce que la note la plus haute soit toujours celle de la partie donnée (f. 271 b).

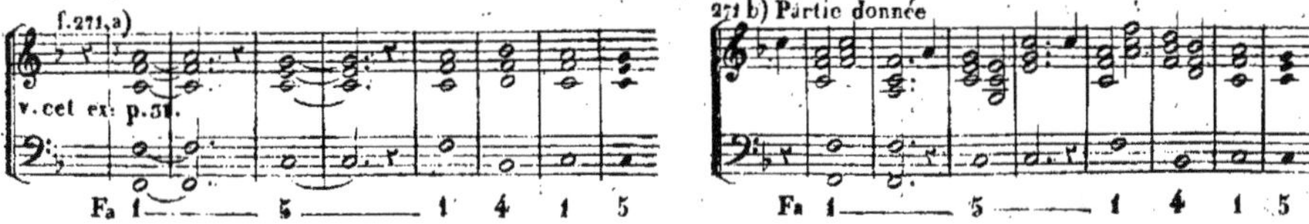

Cet exercice est quelquefois plus difficile à exécuter correctement que ceux qui ont précédés, et il l'est encore davantage dans les leçons où la partie donnée est médiaire; mais les élèves qui ne seraient pas assez pianistes pour observer facilement la marche de chaque partie sur le clavier, ne prendront de ces dernières leçons, pour les jouer, que les chiffres et la basse.

§ 227. Dans les marches harmoniques, il est nécessaire que les deux mains observent une progession symétrique; la plupart des ex. du § 76 sont réalisés de manière à pouvoir être joués sur le piano.

Pour les chap. IV et V, p. 58 et 73.

§ 228. ACCORDS DE QUATRE NOTES. Lorsqu'on arrive à un accord dissonnant, l'attention doit se porter principalement à conduire les notes qui ont une marche forcée selon les principes de la préparation et de la résolution (chap. V.); Les autres notes, ainsi que tout le reste de l'harmonie, se jouent comme il est dit dans les § précédens, Ex:

Septième dominante.

On peut observer pour toute espèce d'accords de septième, qu'on y retranche souvent la quinte lorsque la basse fait l'intervalle mélodique de quinte inférieure ou quarte supérieure et sans qu'il y ait renversement; v. mesure 2, 8, 11, 17, 20 et 30 de la f. 105, p.59.

Accords de septième sur le second degré des deux modes.

Il faut transposer ces deux exemples dans plusieurs autres tons et les jouer, dans chacun, dans différentes positions. L'ex. f. 111, p. 62, après avoir été joué de la manière ordinaire, doit être repris tel qu'il est écrit sur les quatre portées; pour celà la main gauche, dans les trois premières mesures, est obligée de venir au secours de la main droite: elle y quitte l'octave inférieure de la basse, et joue les parties de basse et de Tenore.

Accords de septième sur des degrés autres que le 5e et le 2e.

Jouer les ex. f. 114 et 115 p. 63 d'abord tels qu'ils sont écrits, puis dans d'autres tons et positions. L'ex. 117 p. 64 est sans doute encore trop difficile pour être joué tel qu'il est écrit.

§ 229. Accords de cinq notes. A partir d'ici, presque chaque note ayant une position ou marche forcée, le plus court est, maintenant, d'observer la marche de chaque partie et de se conformer le plus possible à la correction exigée pour l'écriture. D'après les exercices qui ont précédés, celà ne doit plus paraître trop difficile. Les ex. qui suivent peuvent servir de guide.

Accords de neuvième majeure.

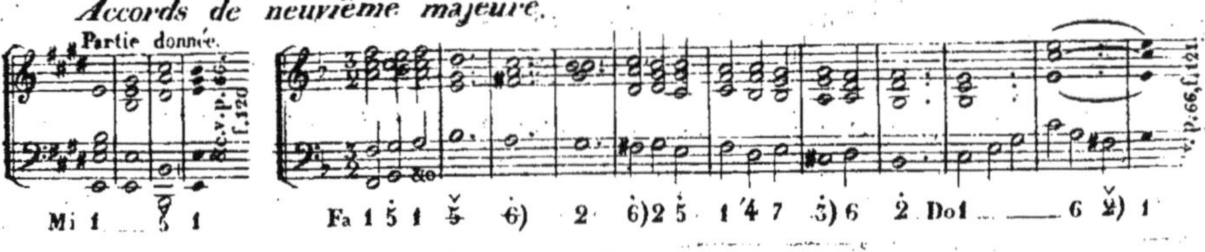

Accord de neuvième mineure.

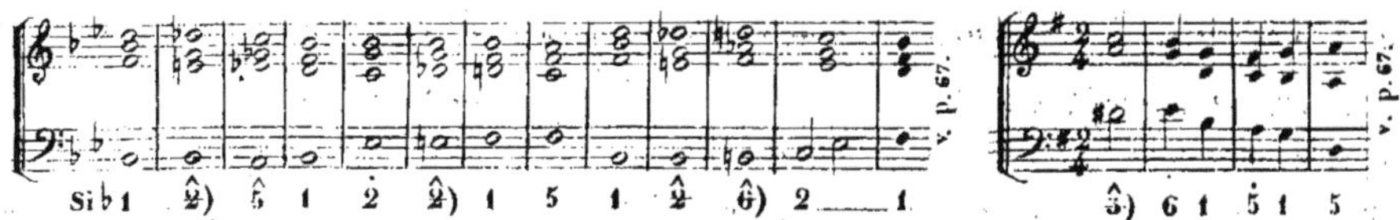

§ 230. ACCORDS ALTÉRÉS. *Altération en descendant.*

Après que cet exemple aura été essayé dans différentes positions, on le jouera comme il est écrit p. 70.

Altération en montant. Jouer l'ex. 127 p. 72, d'abord en n'en prenant que la basse et les chiffres (f. 172 a), puis avec la partie donnée (f. 172 b), puis comme il est écrit dans toutes les parties.

Pour le chap. VI, p. 79.

§ 231. *Harmonie à deux parties.* Jouer les leçons p. 80 telles qu'elles sont écrites.

Harmonie à plus de quatre parties. Le timbre semblable des sons d'un instrument à clavier, rend difficile, même à l'oreille la plus exercée, d'y distinguer la marche de plus de quatre parties. Aussi lorsque les accompagnateurs frappent plus de quatre ou cinq notes à la fois, ils n'observent en général que de conduire correctement les parties extrêmes, remplissant l'accord à volonté par tel nombre de notes médiaires qui se présentent le plus naturellement sous leurs doigts (f. 173 a et 174). Dans un pareil remplissage, les octaves consécutives sont fréquentes; on y voit quelquefois des quintes (f. 174*) qu'on cherche cependant à éviter le plus possible, surtout dans certaines versions de la main gauche, comme celles de la f. 173 b).

§ 232. Tous les exemples du second livre doivent, à mesure qu'on y arrive, être joués tels qu'ils sont écrits (tant que cela se peut sur le clavier); après quoi l'on en prendra la basse et les chiffres pour les essayer dans d'autres positions.

2) Explication de ce qu'on appelle basse chiffrée ou basse continue.

§ 233. Dans quelques livres de plain chant, de choral, de solfège, dans beaucoup de musique ancienne et dans presque tous les traités d'harmonie, il se trouve, audessus ou audessous de la basse, des chiffres et autres signes destinés à indiquer au lecteur ou accompagnateur quelques notes des accords qui doivent accompagner. Cette méthode d'écrire des accords s'appelle *basse-continue* ou *basse-chiffrée*. On ne dit point *dessus-chiffré*, *soprano-chiffré*, ce système de chiffrer n'étant applicable qu'à la partie la plus grave de l'harmonie. La basse chiffrée n'est plus guère en usage que dans les ouvrages qui viennent d'être cités, car pour la musique d'aujourd'hui, elle est en même tems inutile et insuffisante. On a tâché, dans cette appendice, d'en citer ce qu'il y a de plus important; pour tout dire, il faudrait un volume, vû que non seulement chaque pays, mais chaque compositeur y a apporté, et y apporte encore toujours, des modifications qui lui sont propres.

Ces chiffres sont assez simples pour les accords de trois notes, mais pour le reste ils se compliquent tellement, qu'il est à craindre qu'ils n'occupent et qu'ils n'embarrassent plus que l'harmonie elle même, dans le cas où l'on voudrait les apprendre simultanément. Or, les élèves qui ne sont pas retenus par quelques considérations particulières, les laisseront en attendant de côté, et sauteront tous les renvois qui y sont faits dans le courant de l'ouvrage; et si, une fois leur cours d'harmonie achevé, ils tiennent à les connaître, ce ne sera plus que l'affaire de quelques momens.

§ 234. Le principe de la basse chiffrée est, de figurer audessus (on, a défaut de place, audessous) de la basse, avec un ou plusieurs chiffres, l'intervalle ou les intervalles que l'on veut frapper avec elle. Ainsi lorsqu'il y a dans la basse p. ex. la note *do*, et qu'avec cette note on veut frapper do sol mi, on écrit [8 5 3], par la raison que mi sol do font tierce quinte et octave avec le do écrit en ce moment à la basse; si, avec ce même do l'on veut frapper la mi, on écrit [6 3]; si l'on veut la fa, on écrit [6 4]; et ainsi de suite.

Lorsqu'une note doit recevoir un accident qui ne se trouve pas à la clef, on le met devant (rarement derriere) le chiffre qui représente cette note, p. ex. [5 ♯3] pour si sol♯ mi; [♯6 4] pour sol♯ mi si; [♮6 4] pour si♮ sol ré; [♯5 3] pour fa♯ ré♯ si &c.

Voici quelques modifications à ces principes, ainsi que quelques autres conventions:

– Il y a des auteurs, et c'est le plus grand nombre, qui, trouvant trop long d'écrire pour chaque accord plusieurs chiffres, ne mettent que ceux qui le caractérisent le plus, laissant à deviner les autres; p. ex: 5 pour $\begin{smallmatrix}8\\5\\3\end{smallmatrix}$, ou 6 pour $\begin{smallmatrix}6\\3\end{smallmatrix}$, &c.

– D'autres au contraire ne s'en tiennent pas seulement à l'indication des notes, ils cherchent encore à en exprimer la position; p. ex: en mettant $\begin{smallmatrix}3\\8\\5\end{smallmatrix}$ au lieu de $\begin{smallmatrix}8\\5\\3\end{smallmatrix}$, on entend que la première partie fasse le 3, la seconde le 8 et la troisième le 5. Mais ceux qui adoptent ce mode n'en font pourtant usage que pour quelques endroits du morceau, et de façon qu'on est souvent embarrassé de savoir si la position est prescrite, ou si elle est laissée au choix de l'accompagnateur.

– Un accident seul, est considéré comme s'il était devant un 3, p. ex: pour $\begin{smallmatrix}\text{si}\\\text{sol}\sharp\\\text{mi}\end{smallmatrix}$, ou pour $\begin{smallmatrix}\text{ré}\\\text{la}\flat\\\text{fa}\end{smallmatrix}$, &c.

– Une barre après un ou plusieurs chiffres prolonge l'accord qui vient d'être exprimé, f. 275. Quelquefois cette barre ne prolonge qu'une ou deux notes, tandis que l'accord change, f. 276.

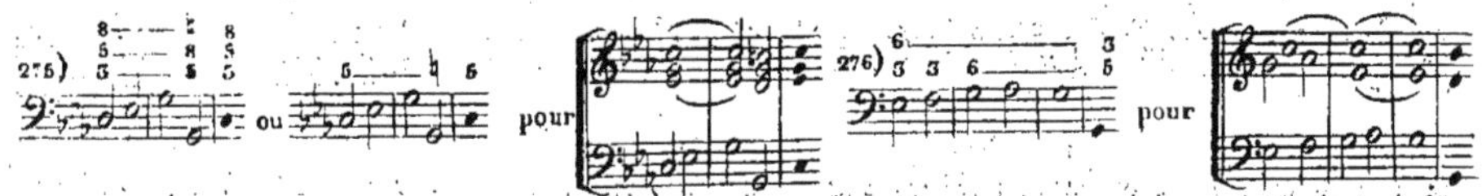

– Une petite + représente la note sensible; devant un chiffre elle indique que la note de ce chiffre doit être note sensible; ex: pour $\begin{smallmatrix}\text{si}\\\text{sol}\sharp\\\text{mi}\end{smallmatrix}$ pour $\begin{smallmatrix}\text{mi}\natural\\\text{do}\\\text{sol}\end{smallmatrix}$ &c.

– Le 5 barré, 5̸, indique la quinte diminuée; ex: pour $\begin{smallmatrix}\text{la}\flat\\\text{fa}\\\text{ré}\end{smallmatrix}$, pour $\begin{smallmatrix}\text{fa}\\\text{ré}\\\text{si}\end{smallmatrix}$, &c.

– Les accords, indiqués comme on vient de le dire, se réalisent avec tel nombre de parties, et dans telle octave audessus de la basse qu'on le juge à propos.

Résumé. Le plus généralement on indique:

un *accord de trois notes non renversé* par 5, ou 3, ou un accident, ou par rien, p. ex: pour $\begin{smallmatrix}\text{sol}\\\text{mi}\\\text{do}\end{smallmatrix}$;

le *premier renversement* par 6

le *second renversement* par $\begin{smallmatrix}6\\4\end{smallmatrix}$

On voit en somme, que chaque chiffre ne représente qu'une *note*, et qu'on n'a égard pour la trouver qu'à celle de la basse et à l'armure de la clef. On voit aussi que cette méthode d'écrire l'harmonie n'indique ni le ton dans lequel on est, ni le degré, ni la fondamentale, et, surtout, *qu'elle suppose une basse toute faite* (sine qua non).

Travail pour ceux qui desirent apprendre à lire couramment la basse chiffrée. Ecrire l'harmonie selon cette méthode sur toutes les basses depuis p. 24 à 27; p. ex:

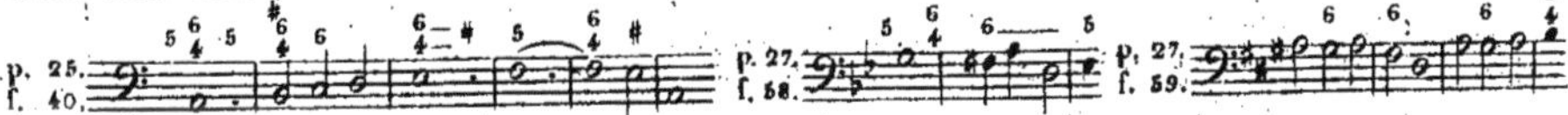

Jouer le tout conformement aux notions de l'article précédent, p. 131. Cet exercice doit être continué, dans la suite sur chaque leçon à mesure qu'on y arrive.

§ 235. *Accords de septième*. Partant toujous du même principe, qui est, de n'exprimer dans toutes les circonstances que la distance entre les notes supérieures et la basse, les accords de septième présentent la réunion de chiffres ci-après:

Accords de sep^me non renversés	7/5/3, ou 7/5, ou 7/3, ou 7 &c.	ou 7/+
premier renversement	6/5/3, ou 6/5, &c.	ou 6/5̸
second renversement	6/4/3, ou 4/3, &c.	ou +6
troisième renversement	6/4/2, ou 4/2, ou 2 &c.	ou +4

La dernière indication de chacune de ces quatre lignes ne convient qu'à la 7me dominante, et ne prend pas d'accidents; les autres indications conviennent également à chaque espèce de septième, et nécessitent les accidents amenés par les modulations; ex:

Lorsqu'on supprime la fondamentale dans la septième dominante, on n'exprime plus que les notes qui restent, et alors les chiffres sont semblables à ceux de l'accord diminué; ex:

§ 236. *Accords de neuvième.*

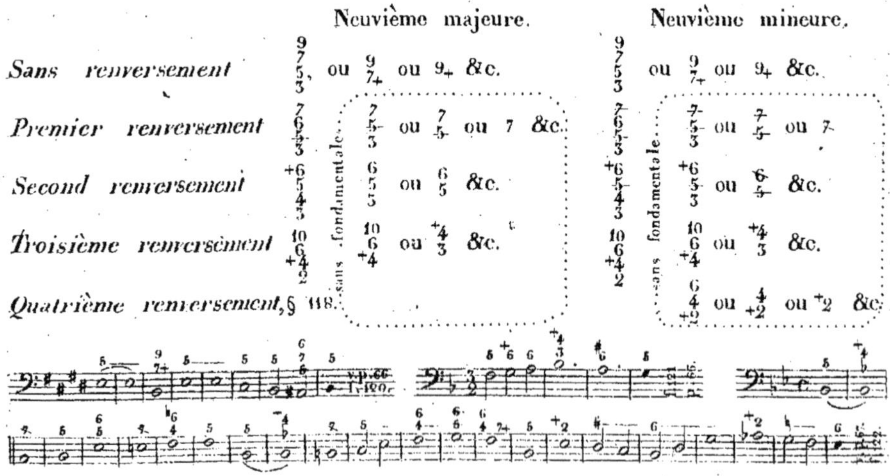

	Neuvième majeure.	(sans fondamentale)	Neuvième mineure.	(sans fondamentale)
Sans renversement	9/7/5/3, ou 9/7+ ou 9+ &c.		9/7/5/3 ou 9/7+ ou 9+ &c.	
Premier renversement	7/6/5̸/3	7/5̸/3 ou 7/5̸ ou 7 &c.	7̸/6/5̸/3	7̸/5̸/3 ou 7̸/5̸ ou 7̸
Second renversement	+6/5/4/3	6/5/3 ou 6/5 &c.	+6/5̸/4/3	+6/5̸/3 ou 6̸/5̸ &c.
Troisième renversement	10/6/+4/2	10/6/+4 ou +4/3 &c.	10/6/+4/2	10/6/+4 ou +4/3 &c.
Quatrième renversement, § 118.				6/4/+2 ou 4/+2 ou +2 &c.

On aura remarqué que la neuvième majeure sans fondamentale présente les mêmes chiffres que la septième de 3e espèce.

§ 237. *Accords altérés*. A l'exception de quelques accidents de plus, les accords altérés se chiffrent comme les non altérés; ex:

§ 238. Lorsque la basse doit jouer seule, sans harmonie, on écrit en cet endroit *T. S., Tasto solo*, ou, si ce n'est que pour quelques notes, on met sur chacune un o. Le retour des chiffres fait voir que les accords doivent être repris. Plusieurs 8 signifient que la basse est doublée en octaves, ce qui s'exprime quelquefois aussi par *all'unisono*.

§ 239. *Notes accidentelles*. Ce qui jette le plus de confusion dans la basse chiffrée, c'est qu'on y indique les notes accidentelles comme les réelles, et toujours en ne comptant que leur distance de la note écrite dans la basse; cela se fait encore lors même que cette note est accidentelle elle même. De cette manière on obtient souvent p. ex: pour des accords de trois notes, des réunions de chiffres semblables à des accords de septième ou de neuvième.

§ 240. *Suspensions*. Ex:

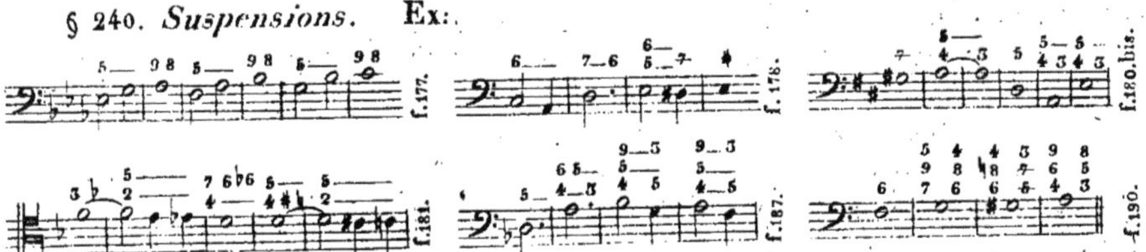

§ 241. *Pédale*. Lorsqu'il y a plusieurs accords étrangers de suite, on chiffre ordinairement, non la partie qui fait la pédale, mais celle qui se trouve immédiatement audessus d'elle, et qu'on envisage en ce moment comme basse. Ex:

Cependant il y a des auteurs qui aiment mieux chiffrer sur la pédale elle-même; ex:

mais dans ce cas, comment chiffreraient-ils p. ex. f. 197, p. 101, où toute la gamme est frappée simultanément? Peut-être par $\begin{smallmatrix}7\\6\\5\\4\\3\\2\end{smallmatrix}$! Que l'accompagnateur devine alors l'accord!

§ 242. *Retards*. Les retards se chiffrent aussi quelquefois; ex:

v. § 180, 2e accolade.

§ 243. *Notes mélodiques*. Dans tel endroit on chiffre jusqu'aux notes mélodiques, dans tel endroit du même morceau on ne les chiffre pas. Devine qui pourra! Ex:

v. p. 126.

§ 244. Qu'on ne croie pas que ma manière d'écrire l'harmonie, développée dans les § 4, 14, 49, 56, 70, 82, 95, 108, 116, 124, 151, 168, 179 et 188, ait été donnée dans le dessein de *remplacer* la basse chiffrée: celle-ci l'est déjà de la manière la plus avantageuse, puisque, dans le fait, les compositeurs préfèrent depuis longtems écrire leurs accompagnemens en toutes notes. Mon intention était seulement de donner avec chaque exemple une *analyse raisonnée* qui évitât au professeur de longues démonstrations. La basse chiffrée est destinée à être *exécutée*, mon écriture, à être *méditée*. J'ai tâché d'exprimer la nature et les propriétés de l'accord, et sa relation avec ceux qui l'entourent, plutôt que l'arrangement momentané des notes qui le composent. Il est vrai que, pour trouver ces notes, mes signes, au premier abord, demandent un instant de réflection; mais c'est là précisement leur but, de provoquer cette réflection: car tout ce que l'élève pense, en cherchant la signification des différentes parties qui composent p. ex: ce signe o2), est analyse.

Cependant, quoique cette analyse fut mon unique but, il se trouve que mon systême peut encore servir à plusieurs fins que le professeur et le compositeur peuvent mettre souvent à profit, ainsi qu'on l'a vu dans le courant de cet ouvrage, et pour lesquelles la basse chiffrée est insuffisante; p. ex:

— à écrire une harmonie abstraction faite de ritme et de mélodie, p. ex:

Mode min. 1 5 6 4 o2) 1 5 1 ||;

— à écrire une harmonie avec un ritme seulement; p. ex: mode maj. 1 +1 | 4 1 | 5 1 2 2) | 5 ||

— à indiquer l'harmonie sous une mélodie quelconque, n'importe dans quelle partie cette mélodie se trouve; p. ex:

Do 1 ———— 4 ———— 5 ———— 1 ————

Du reste plusieurs auteurs ont déjà proposé ou employé des méthodes d'analyse différentes de la basse chiffrée, et principalement Mr *G. Weber*, dans son excellent ouvrage intitulé: *Théorie der Tonsetzkunst*.

3) Quelques mots sur ce que l'on appelle les anciens modes, ou tons d'église.

§ 245. Le titre de cet ouvrage pourrait dispenser de parler de choses qui n'appartiennent plus qu'à l'histoire de l'art; mais comme il se peut que dans l'analyse proposée à la fin du second livre, l'élève rencontre en tête de quelque morceau de musique sacrée les mots, *mode dorien, phrygien* &c., ou 1er *ton d'église*, 2me *ton d'église* &c., on a essayé de lui expliquer ici, le plus succintement possible, le sens de ces mots.

§ 246. On nous dit que dans certaines provinces de l'ancienne Grèce, p. ex. chez les *Doriens*, on ne se servait que de la gamme suivante:

ré mi fa sol la si do ré, c'est à dire de la gamme de *Do*, commencée et terminée par la seconde note du ton; et qu'en conséquence tous les chants qui n'employaient que ces notes, et qui terminaient ainsi, étaient du mode dorien, p. ex:

§ 247. Avant de parler des autres modes, examinons celui-ci comparativement à notre mode majeur et mineur.

En écoutant le chant précédent sans harmonie, une oreille habituée à la musique d'aujourd'hui, le prend pour être en *ré*, et les notes si♮ et do♮ lui font l'impression de modulations. En effet il n'y a là rien qu'un compositeur moderne ne puisse trouver et comprendre tout en ne connaissant que nos deux modes.

Mais voici une autre question. Si les doriens ont connu l'harmonie (ce qui est fort douteux), ne se sont ils servi dans l'accompagnement également que des notes ré mi fa sol la si do? comme; p. ex:

car ce n'est que dans ce cas que tout le morceau serait dans le mode dorien. Comme il ne nous est resté aucune donnée à cet égard, chacun a fait à sa manière, et il se trouve que les harmonistes les plus célèbres se sont rarement bornés, dans les parties d'accompagnement, aux notes du ton, comme cela a été fait dans l'ex. précédent, mais qu'ils y ont employé toutes celles de notre échelle chromatique qui leur convénaient; comme p. ex:

en sorte qu'avec un pareil accompagnement il n'y a que la partie du chant donné qui est dans le mode dorien, tandis que les autres parties sont en modes modernes.

Ainsi en disant que tel morceau est dans le mode dorien, on veut dire que le chant principal n'est fait qu'avec les notes de la gamme de *Do*, et qu'il finit avec la note ré, mais que les autres parties sont, sinon dans un ton quelconque, dumoins souvent en *ré* min. et dans les relatifs de celui-ci.

§ 248. Si un chant se tient à peu près dans la limite de sa note finale et de son octave, on dit que le ton est *authentique:* ainsi le chant précédent est dans un ton authentique. Si au contraire le chant parcourt à peu près une échelle de huit notes en comptant de la quarte inférieure de la note finale, le ton est *plagal*, et l'on indique cette particularité par le mot *hypo* (sous); ex:

Mode Hypo-dorien.

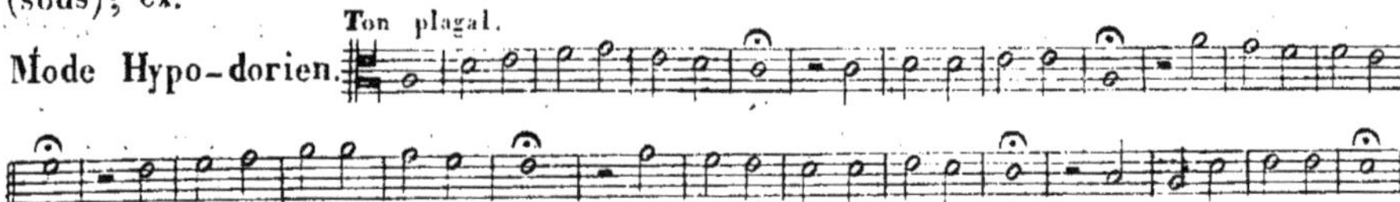

§ 249. Voici maintenant en quoi consistent les autres modes auquels il faut appliquer tout ce qui vient d'être dit sur le dorien. Les phrygiens n'employaient également que la gamme de *Do*, mais ils finissaient par la note mi; de même les Lydiens, qui finissaient avec la note fa, &c. v. le tableau ci-après.

§ 250. Lorsque l'église chrétienne a introduit ces modes dans son culte, elle les appela, le dorien 1er ton d'église, le hypo-dorien 2me ton d'église &c. Tableau:

Tons authentiques.	Tons plagaux.
Mode *Dorien*, ou 1er ton d'église.	Mode *Hypo-dorien*, ou 2e ton d'église.
" *Phrygien*, ou 3e ton d'église.	" *Hypo-phrygien*, ou 4e ton d'église.
" *Lydien*, ou 5e ton d'église.	" *Hypo-lydien*, ou 6e ton d'église.
" *Mixo-lydien*, ou 7e ton d'église.	" *Hypo-mixo-lydien*, ou 8e ton d'église.
" *Eolien*, ou 9e ton d'église.	" *Hypo-éolien*, ou 10e ton d'église.
" *Jonien*, ou 11e ton d'église.	" *Hypo-Jonien*, ou 12e ton d'église.

On ne garantit pas ici l'ordre numérique des tons d'église, attendu que les traités et livres de plain-chant qui ont été consultés, offrent à cet égard quelques contradictions.

§ 251. Quand on *transpose* un mode, on arme ordinairement la clef de manière à ce que la partie qui fait le chant principal n'ait jamais besoin de signes accidentels; ex:

Mode Dorien, ou 1er ton d'église, transposé une seconde maj. plus haut

Mode Phrygien, ou 3e ton d'église, transposé une seconde min. plus haut

Mode Lydien, ou 5e ton d'église, transposé une quarte juste plus bas

FIN.

www.ingramcontent.com/pod-product-compliance
Ingram Content Group UK Ltd.
Pitfield, Milton Keynes, MK11 3LW, UK
UKHW020227220726
13923UKWH00002B/548